Le Client et le Bureaucrate

FRANÇOIS DUPUY

LE CLIENT ET LE BUREAUCRATE

DUNOD

Conseiller éditorial : Christian Pinson

ISBN 2 10 003685 8

« An example is the difference between searching a haystack to find the sharpest needle in it, and searching the haystack to find a needle sharp enough to sew with.[1] »

J. G. March et H. A. Simon, *Organizations*, J. Wiley, New York, 1958, p. 141

1. « Fouiller une meule de foin pour y trouver l'aiguille la plus fine est une chose ; fouiller la même meule de foin pour y trouver une aiguille assez fine pour coudre en est une autre ». Traduction de l'auteur.

REMERCIEMENTS

Ce livre doit beaucoup à beaucoup. Et tout d'abord au Centre européen d'Éducation permanente (CEDEP) où j'enseigne depuis plus de 10 ans. Les participants de toutes les entreprises membres m'ont aidé, souvent sans le savoir, à élaborer et à roder les arguments qui sont présentés ici. Le directeur général du CEDEP, Claude Michaud, n'a cessé durant tout ce temps d'encourager et de soutenir l'enseignement de la sociologie dans son institution. Je l'en remercie chaleureusement.

Ma reconnaissance va tout particulièrement à la Kelley School of Business d'Indiana University qui m'a accueilli avec gentillesse et simplicité. Le département Executive Education et son directeur, Cam Danielson, m'ont donné les moyens matériels et le soutien humain pour rédiger cet ouvrage. Je suis aujourd'hui fier de faire partie de cette université et de cette équipe.

Les études dont les résultats sont utilisés dans ce livre ont été menées par des sociologues professionnels d'une exceptionnelle qualité : Touhami Bencheikh, Hélène Bovais, Yves Cornu, Valérie Dixmier, Dominique Gatto, Roland Lussey, Yves Morieux, Luiz Rothier-Bautzer, ont, par leurs travaux, légitimé la sociologie des organisations comme outil de conseil. Ils peuvent en être fiers.

Mais, qu'on me permette de dire ici tout ce que je dois à Dominique Thomas, qui m'a inlassablement poussé à écrire et dont la compétence sociologique n'a d'égal que l'abnégation, la patience et le dévouement. Elle seule a pu, avec un égal bonheur, corriger et la forme et le fond.

Enfin, tout vient du terrain : de tous ceux qui, depuis des années, répondent aux questions des sociologues, discutent leurs résultats, acceptent de parler d'eux, de leur vie au travail, bref de la réalité. Si nous avons pu parfois les aider, et si ce livre leur rend l'hommage qu'ils méritent, alors personne n'aura perdu son temps.

TABLE DES MATIÈRES

INTRODUCTION

LA GLOBALISATION, la mondialisation et leurs effets sur les économies sont au cœur de tous les débats en cette fin de siècle. Leurs conséquences sont généralement abordées soit à l'échelle macro-économique (expansion, récession, chômage massif), soit à l'échelle des individus (précarisation, chômage et drames humains qui en découlent, mobilité forcée, redéfinition des rythmes de travail, etc.). L'impact de ces phénomènes sur l'entreprise au sens large, et la capacité à maîtriser et à gérer cet impact sont davantage négligés, sans doute parce que moins visibles et donc moins médiatisables. Nous nous proposons ici de mettre au premier plan l'effet de l'émergence de la société postindustrielle globalisée sur les organisations – entreprises privées, publiques ou parapubliques – qui assurent en cette fin de siècle la production des biens ou services dont les hommes ont besoin, affirmation que beaucoup discutent. Puis nous regarderons, à partir de quelques expériences récentes, comment la transformation de ces organisations peut être conduite, si l'on veut éviter de le faire dans la précipitation, le drame ou la souffrance qui ont si souvent caractérisé les processus de changement subis et non maîtrisés.

Notre hypothèse est la suivante – construite sur une expérience de quinze années d'enseignement aux *executives* un peu partout dans le monde : au-delà des phénomènes collectifs et individuels angoissants qui marquent ce monde, comme le chômage, la pauvreté, la régression des salaires et de la protection sociale, c'est dans la vie quotidienne au travail que les hommes expérimentent le plus durement à quel point ce que l'on attend d'eux aujourd'hui est loin de ce qu'ils étaient supposés faire hier. La précarisation dont on parle tant ne concerne pas seulement l'homme sur le marché du travail. Elle l'affecte aussi sur son lieu de travail, dans ses rapports avec les autres, dans les pressions qui pèsent sur lui, y compris dans la redéfinition des tâches et de ses relations à son entreprise. On m'objectera qu'en prenant cet angle, je ne couvre finalement que la partie la plus favorisée de la population, précisément celle qui a du travail. C'est vrai, mais il est permis de penser qu'il y a là néanmoins un pan entier de l'évolution de nos sociétés qui mérite examen. Ceci d'autant plus, d'ailleurs, que la plupart des auteurs s'accordent à reconnaître que ce que nous appellerons ici « l'organisation »[1] est le facteur le plus porteur de différences, et donc de succès, entre les pays et les compagnies[2].

Plantons le décor

Avant d'entrer dans le vif du sujet, plantons d'abord le décor et regardons dans quel contexte évoluent aujourd'hui les organisations. Même rapide, l'examen de ce contexte doit permettre de comprendre que les transformations qui affectent les organisations (présentées plus loin) sont un des éléments d'une révolution plus profonde. Or, notre expérience nous a enseigné que, pris dans la tourmente, bon nombre de responsables ont du mal à faire le lien entre elles. Mais il faut en même temps souligner à quel point, dans ce monde où l'incertitude règne en maître, il est utile d'en maîtriser davantage les parties qui nous sont les plus proches, c'est-à-dire les ensembles dans lesquels nous travaillons.

Une caractéristique forte d'abord : l'émergence de la société postindustrielle est douloureuse, et cette douleur transpire de partout, des écrits comme des chiffres. Quelques exemples : Edgar Morin nous avertit que « la période n'est pas celle de l'espoir, mais du repli et du désespoir »[3] et « qu'il faut désormais conserver face à un processus historique

---

1. Voir chapitre 1.
2. Voir, par exemple, Robert H. Waterman, Jr.: *What America does right*, The Penguin Group, New York, 1995.
3. Edgar Morin et Sami Naïr : *Une Politique de civilisation*, Arléa, Paris, 1997, p. 194.

qui détruit tout » [1]. Le titre bien sûr, mais surtout le succès du livre de Viviane Forrester, *L'Horreur économique* [2], qui ne s'est pas démenti pendant plusieurs semaines au début de l'année 1997, marque violemment et désespérément combien cette émergence est difficile, effraie, et provoque dans certains pays des sentiments de rejet. Robert Castel, dans son remarquable ouvrage sur *Les Métamorphoses de la question sociale*, parle de « désaffiliation » à propos de son « histoire du présent »[3]. Outre-Atlantique, même si ceux qui émettent des doutes et des réserves ont du mal à se faire entendre au milieu de l'optimisme ambiant, Jeremy Rifkin assène quelques vérités sans doute bonnes à dire. « Les statistiques font froid dans le dos. À la fin des années quatre-vingts, un jeune homme noir sur quatre était en prison ou en liberté surveillée. Dans la capitale Washington, 42 % de noirs ayant entre dix-huit et vingt-cinq ans sont en prison ou bien recherchés par la police. La première cause de décès parmi les jeunes hommes noirs est désormais l'assassinat »[4]. Et il est loin d'être le seul à voir dans le mouvement de fond qui secoue le monde, la cause des malheurs qui frappent nos sociétés. Sami Naïr a sans doute raison d'indiquer que « l'émergence des nationalismes d'exclusion et de l'intégrisme religieux n'est pas seulement le produit des mutations internes des sociétés ; c'est aussi le résultat médiatisé d'un mouvement plus profond, celui de la mondialisation »[5]. Remarquons enfin que lorsque la résistance s'organise ou tente de s'organiser, elle obtient à grand-peine, et finalement presque honteusement, la préservation de quelque protection quitte à ce que ce soit reculer pour mieux sauter[6]. Comme un symbole de cette fragilité, Robert Reich montre qu'aujourd'hui le syndicalisme[7] a atteint, dans le secteur

1. *Ibid.*
2. Viviane Forrester : *L'Horreur économique*, Paris, Fayard, 1996.
3. Rober Castel : *Les Métamorphoses de la question sociale : une chronique du salariat*, Paris, Fayard, 1995. Indiquons que ce livre remarquable, magnifiquement documenté, permet une mise en perspective utile et fructueuse de tout ce qui se dit et s'écrit à propos du travail en général et du salariat en particulier.
4. Jeremy Rifkin: *La Fin du travail*, Paris, La Découverte, 1996, p 117.
5. Edgar Morin et Sami Naïr, *op. cit.*, p. 89.
6. Sur les États-Unis, voir : F. Leseman : *La Politique sociale américaine*, Paris, Syros, 1988. Sur la Grande Bretagne, voir : L. Ville : « Grande-Bretagne: le chômage diminue, l'emploi aussi », Dossier de *L'Expansion*, n° 478, 2-5 juin 1994.
7. Il faut travailler sur quelques gros monstres publics ou parapublics français pour y trouver encore des organisations syndicales faibles certes, mais artificiellement maintenues dans un rôle dominant par des directions pour lesquelles la « peur du social » fait office d'axe stratégique prioritaire.

privé aux États-Unis, un niveau inférieur à celui de 1930, qu'il évalue à 13 % [1].

Et cette réalité, que nous survolons seulement ici, n'est pas conjoncturelle. Elle s'inscrit bien dans la durée, du moins celle que le sociologue du présent peut percevoir. Parmi les évolutions qu'entrevoit Robert Castel, dans sa partie consacrée à la crise de l'avenir, « la première est que continue à s'accuser la dégradation de la condition salariale observable depuis les années 1970 »[2]. C'est bien une tendance lourde qui s'affirme, comme le confirme, de façon originale, la liste des mots qui fleurissent dans les titres de cette période : « métamorphose », « fin », « mort », « crise » expriment ce sentiment à la fois fort et diffus qu'un monde disparaît sous nos yeux, à une vitesse que notre propre implication dans le mouvement nous empêche d'apprécier.

Crise de confiance

Qu'il en résulte une importante crise de confiance dans tous les secteurs et toutes les institutions de nos sociétés n'est pas une surprise : « Si aujourd'hui la société a perdu confiance, c'est que nous sommes revenus dans une logique financière sans vouloir en tenir compte. Le couple capital-travail s'est inversé... l'argent est plus productif que l'industrie. Dans ce contexte, il serait aberrant de maintenir dans l'esprit des gens qu'il y aura toujours du travail. Les règles du jeu ne sont plus adaptées, et il faut réinventer un système de juste rétribution. »[3] Le problème de la confiance est crucial. Il est aujourd'hui l'objet de débats[4] et pour notre part nous le rencontrons quotidiennement dans nos travaux avec les cadres. Cette détérioration de la relation des individus aux institutions est porteuse de désagrégation, y compris bien sûr dans l'entreprise, qui souvent ne peut plus mobiliser les ressources qui lui restent. Nous tenterons de montrer dans ce livre comment cette question peut être gérée autour d'un partage de la connaissance. S'il en

1. Robert B. Reich : *L'Économie mondialisée*, Dunod, Paris, 1993.
2. Robert Castel, *op. cit.*, p. 436.
3. Jean-Maric Thievenard, *in* : Martine Laroche, « Insondable confiance », *Le Monde Économie*, 28 janvier 1997.
4. Pour une rapide revue de la littérature sur ce débat, voir *Le Monde Économie*, 28 janvier 1997.

était autrement, alors Michel Crozier aurait eu tort, qui affirmait avec vigueur dans *L'Entreprise à l'écoute* [1] que la seule richesse de l'entreprise reste et resterait l'homme.

Pour avancer dans la compréhension de ce contexte, remarquons que, contrairement à une idée reçue, il y a peu de controverses sur le constat lui-même – la mondialisation. C'est la généralisation de ce constat qui a demandé du temps, sans doute parce que, tout naturellement, elle ne s'est faite qu'à partir du moment où cette mondialisation a progressivement étendu ses effets, y compris sur ceux qui travaillent : le mécanisme avait été le même – déjà – durant la grande dépression des années 30[2]. Ce constat a même été entrepris de longue date, et pas seulement à partir de l'explosion rapide des technologies dont celles de la communication ne sont qu'un aspect. Cela, Alvin Toffler[3] l'a annoncé, en même temps d'ailleurs que la fin des bureaucraties, et l'apparition des nouvelles élites, financières, planétaires, intellectuelles, détentrices du savoir « nouvelle clé du monde », contrôlant un univers dans lequel les exclus – les désaffiliés – ont de moins en moins accès à la richesse, et constituent une menace pour les nantis[4]. Ces « riches nouveaux » se retireraient du monde – du moins de celui qui n'est pas le leur – derrière des barricades qu'une visite en Californie du Sud permet de matérialiser sans ambiguïté.

Accord sur le constat, disons-nous, mais désaccord sur son interprétation et surtout sur ses conséquences. Entre la résignation de ces cadres que leurs entreprises n'hésitent plus à classer selon leur degré supposé d'adaptabilité, et l'optimisme débordant des pionniers des industries ou services nouveaux, il y a plus qu'une nuance. Mais, comme nous le verrons, non seulement ils ne travaillent pas dans les mêmes secteurs – cela, on s'en doutait – mais surtout ils évoluent dans des organisations fort différentes : les bureaucrates classiques que nous rencontrerons, ceux des administrations publiques ou des secteurs de production les plus traditionnels dans leurs modes de fonctionnement, s'inquiètent, se désespèrent ou tentent de se protéger au mieux... Tous savent qu'ils

1. Michel Crozier : *L'Entreprise à l'écoute*, Paris, Fayard, 1994
2. Déjà à l'époque, une bonne partie de la classe dirigeante pensait que la France, grâce à la puissance de son agriculture, pourrait échapper au marasme général et à ses conséquences...
3. Alvin Toffler : *Les Nouveaux Pouvoirs*, Paris, Fayard, 1991.
4. C'est d'ailleurs un renversement notable : Robert Castel montre que pendant des siècles, dans la tradition catholique en particulier, les exclus ne représentaient pas une contrainte pour les riches, mais une ressource. Robert Castel, *op. cit.*

n'échapperont pas à la remise en cause profonde, non seulement de leurs protections « techniques » (statuts, conditions d'emploi...), mais surtout de leurs façons quotidiennes de travailler les uns avec les autres. Cet aspect constitue le point clé de la révolution des organisations que nous allons essayer de comprendre et d'illustrer.

La coopération est en effet le maître mot des organisations de demain, et donc le point clé de cet ouvrage. Ceux qui, au contraire des bureaucrates que nous venons d'évoquer, appartiennent à des entreprises qui ont franchi le pas décisif vers les réseaux, le flou, la redondance des fonctions, la chasse drastique aux monopoles internes, vivent peut-être plus durement leurs conditions de travail, mais voient l'avenir d'un autre œil. Et bien sûr, entre les deux, il y a le marais des entreprises qui subissent, qui vont d'un bord à l'autre, tantôt à la recherche de gourous, tantôt en quête de recettes, de *tips*, qui permettraient au génie du leader de dispenser l'organisation de sa lente et pénible révolution, ou au moins qui lui expliqueraient pourquoi et comment il faut la faire, et pourquoi il faudrait en être heureux

L'inquiétude, c'est celle de ce que nous appelons « la reprolétarisation des anciens prolétaires ». Edgar Morin et Sami Naïr l'expriment très clairement : « Il y a [...] le scénario libéral lui-même, qui postule que les effets négatifs de la mondialisation sont dus précisément aux résistances dont elle est l'objet. [...] On préconise ainsi, pour lutter contre le chômage, un accroissement de la "flexibilité du travail", ce qui conduit, en fait, à une baisse généralisée des salaires (alignement sur les salaires des pays nouvellement industrialisés), ou encore la mobilité de l'emploi, qui correspond à l'évolution du capitalisme américain lui-même de plus en plus déterritorialisé » [1]. À quoi on pourrait opposer le scénario optimiste du déclin progressif du travail marchand, de la généralisation d'un autre lien à la société à travers le « troisième secteur »[2]. Bref, on comprend que les uns voient, dans les bouleversements incessants et cumulés de la dernière décennie de ce millénaire, une fatalité aux conséquences sans doute néfastes et imprévisibles[3], alors que les autres y voient une source d'opportunités nouvelles qu'il s'agit de

1. Edgar Morin et Sami Naïr, *op. cit.*, p. 100.
2. Cher à Jeremy Rifkin, *op. cit.*, en particulier chapitre 17 « Renforcer le tiers secteur », p. 328-357. Pour la France, voir la préface écrite par Michel Rocard pour ce livre, page I à XVII. C'est aussi un thème cher à Jacques Delors.
3. Voir par exemple l'analyse présentée par Sami Naïr. Edgar Morin et Sami Naïr, *op. cit.*

saisir[1] pour ne pas être tenus à l'écart du grand chambardement. On comprend aisément qu'étant à la fois parties prenantes et témoins de la tourmente les hommes hésitent. C'est l'aspect conjoncturel du phénomène structurel, et cela nous prouve que ce n'est pas parce que nous sommes impliqués dans une réalité que nous la comprenons forcément mieux : nous aurons à nous en souvenir lorsque sera abordée la question de la maîtrise du changement[2].

Moyen-Âge ou Mad Max ?

Néanmoins, si les faits majeurs, le cadre général pourrait-on dire, ne sont plus contestés que par une minorité, la question se porte désormais sur la gestion de cette révolution. On en discute en profondeur, et pas seulement en Europe. L'idée qu'aux États-Unis ou en Grande-Bretagne on soit « déjà de l'autre côté » depuis le début des années 90 est à la fois caricaturale... et peut éventuellement servir de repoussoir. Même si les formes prises par les débats dans ces pays peuvent être différentes, même si la réponse communautaire ou associative aux effets les plus destructeurs du bouleversement atténue parfois le bruit sur la place publique – ce que Tocqueville avait déjà noté – l'interpellation existe. C'est bien aux États-Unis que sont apparues les premières mises en cause du *downsizing* ou du *reengineering*[3], de même que le concept « d'entreprise anorexique »[4]. Et les arguments sont solides et non polé-

1. Pour n'en prendre qu'un exemple, on se reportera à l'analyse très nuancée mais finalement très optimiste que font Jean-Paul Fitoussi et Pierre Rosanvallon, *in* : Jean-Paul Fitoussi et Pierre Rosanvallon, *Le Nouvel Âge des inégalités*, Paris, Le Seuil, 1996.
2. Voir deuxième partie de cet ouvrage.
3. Ce terme a été popularisé par Michael Hammer et James Champy. *In* : Michael Hammer et James Champy, *Le Reengineering : réinventer l'entreprise pour une amélioration spectaculaire de ses performances*, Paris, Dunod, 1993. Les auteurs écrivent p. 40 : « S'il fallait définir en quelques mots le reengineering de l'entreprise, nous proposerions "recommencer à zéro". Le reengineering [...] ne consiste pas à rafistoler l'existant, ni à le modifier une énième fois sans toucher à la structure de base. Il ne consiste pas à redistribuer les systèmes en place dans l'espoir d'améliorer leur fonctionnement [...] Reconfigurer une entreprise signifie se débarrasser des systèmes anciens et repartir de zéro ».
4. Gary Hamel et C. K. Prahalad : *La Conquête du futur*, InterÉditions, Paris, 1995. Voir aussi :
Jacques de Bandt : « Renault, un triste cas d'école », *Libération*, 12 Mars 1997.
Jacques de Bandt *et al.* : *La France malade du travail*, Paris, Fayard, 1995.
Jacques de Bandt et F. de Bandt-Flouriol : *La Descente aux enfers du travail, ou l'économie sens dessus-dessous*, Paris, ADST, 1996.

miques. Partout, l'interrogation sur les conséquences du mouvement de fond que nous connaissons est la même : « Au mieux le Moyen-Âge, au pire Mad Max » écrit Edgar Morin[1] ; la liste des « progrès destructeurs de travail » dressée par Rifkin est impressionnante[2] par l'universalité des domaines concernés. Il ne s'agit pas seulement, ni même principalement, des capitaux qui bougent dans l'instant, sept jours sur sept, vingt-quatre heures sur vingt-quatre, hors de tout contrôle des autorités publiques, remettant ainsi en cause l'existence des États-Nations[3] ; cela concerne aussi, entre autres, l'industrialisation des denrées alimentaires de toutes sortes, dont la fabrication synthétique produirait sur la main d'œuvre des pays en voie de développement, les mêmes effets que la mécanisation de la cueillette du coton sur la condition des noirs américains[4].

Là où apparaissent plus que des nuances, c'est lorsqu'on s'arrête un instant sur la forme de ces discussions dans quelques pays. Bien entendu, les différences d'interprétation entre ces pays résultent de leur place historique et présente sur l'échiquier économique et politique mondial. Mais elles révèlent aussi – et c'est ce qui nous intéresse ici – les formes d'organisation qu'on y rencontre, ainsi d'ailleurs que la plus ou moins grande facilité à faire évoluer ces organisations. Pour ne prendre que quelques états ou régions, intéressons-nous brièvement à l'Amérique triomphante – voire arrogante –, à l'inquiétude persistante de la France et de l'Allemagne, à la surprise de la Suisse, et aux doutes de quelques pays asiatiques.

Le modèle américain

« Tout va bien... » Tout va même trop bien pour Fred Bergsten, le directeur de l'Institute for International Economics de Washington qui, tout en bombant le torse au vu des performances de la machine américaine, entrevoit deux causes importantes de déséquilibre, dangereuses

1. Edgar Morin et Sami Naïr, *op. cit.*
2. Jeremy Rifkin, *op. cit.*, en particulier la 2ème partie : « La troisième révolution industrielle », et la 3ème partie : « Le déclin mondial du travail », p. 93-226.
3. Ce qui est d'ailleurs une thèse discutée par Robert Reich. Voir Robert Reich, *op. cit.*
4. Jeremy Rifkin, *op. cit.,* chapitre 5 : « La technologie et l'expérience des noirs américains », p. 106-120.

pour l'économie mondiale : « l'écart entre la bonne santé des États-Unis et la langueur persistante du Japon, toujours aussi malade depuis cinq ans, alors que l'Europe, à peine plus vaillante, connaît un chômage de masse, que le respect forcé des critères de Maastricht ne fera qu'aggraver. »[1]. Voilà une petite phrase qui en dit plus long que tout un discours sur le « on a gagné » qui monte de ce grand stade remuant que sont les États-Unis des années 90. Sur les raisons de cette victoire bien des explications sont avancées. Deux d'entre elles méritent ici notre attention. Elles ouvrent en effet des pistes intéressantes pour comprendre « la fin des bureaucrates ». La première, naturellement pourrait-on dire, est celle de la précarisation du marché du travail, du travail salarié lui-même, et de la baisse des salaires. Uniquement en 1993, sur les 1 230 000 emplois créés aux États-Unis, 728 000 sont des emplois à temps partiel, des quasi « petits boulots », acceptés par des gens en quête d'embauche à plein temps[2].

De son côté, Robert Reich note que les inégalités de revenus ne cessent de s'accroître dans la société américaine. Entre 1977 et 1990, les revenus moyens (avant impôts) des 20 % d'Américains les plus pauvres ont baissé de 5 %[3]. Dans le même temps, les revenus des 20 % les plus riches ont augmenté de 9 %. Rifkin ajoute qu'entre 1973 et 1993, les ouvriers américains ont perdu en moyenne 15 % de leur pouvoir d'achat[4]. Et les deux s'accordent pour considérer qu'une condition de ces évolutions a été l'affaiblissement profond, durable et sans précédent des syndicats.

Si nous nous intéressons à ces données, ce n'est ni pour nous réjouir, ni pour nous lamenter, c'est pour indiquer qu'aujourd'hui, lorsqu'apparaît le mot « changement », lorsqu'il est illustré par des exemples, des « cas » de succès, ils sont perçus à travers du « moins », du renoncement à des avantages, à de la sécurité, à du confort. Or précisément, ce qui caractérise les bureaucraties, publiques ou privées, c'est d'avoir obtenu pour leurs membres des avantages, du « plus », quitte à ce que le client en paie le prix, et pas seulement en termes de coût brut du service, mais aussi en termes quotidiens d'horaires d'ouverture, de rapidité de la

1. Serge Marti : « La foi de Davos », *Le Monde Économie*, 4 février 1997.
2. « The 6.8% illusion », *New York Times*, 8 août 1993, p.15 ; « Into the Dark : Rough Ride Ahead for American Workers », *Training*, juillet 1993. Cité par Jeremy Rifkin, *op. cit.*, p. 229-233.
3. Robert Reich, *op. cit.*, p. 7.
4. Jeremy Rifkin, *op. cit.*, p. 230.

prestation, de qualité du produit ou du service etc. Il en résulte que la « résistance au changement » n'est pas un problème abstrait, psychologique, mais bien une stratégie rationnelle[1], au sens où les acteurs qui développent cette stratégie luttent pour la préservation de ces avantages. Même si ces avantages coûtent à la collectivité ou aux clients, on ne peut naïvement expliquer à ces acteurs que le futur sera plus juste et surtout « meilleur », simplement parce qu'à court terme au moins, ce n'est pas vrai. On comprend alors que plus les organisations ont généré des avantages de toutes natures pour leurs membres, plus la renonciation à ces avantages s'avère difficile et humainement coûteuse. Cela nous incitera à proposer des modalités de gestion du changement qui en tiennent compte.

Le deuxième facteur clé du succès de l'Amérique des années 90 sur lequel il faut s'arrêter, c'est l'organisation elle-même. Robert Waterman que l'on peut considérer comme le vulgarisateur de « l'état de l'art » de la pensée managériale américaine, écrit : « Ce qui rend les compagnies les plus performantes différentes, c'est, je dirais, leurs modes de fonctionnement. Plus spécialement :

- Elles sont mieux organisées pour répondre aux besoins de leurs employés, et ainsi elles attirent des gens plus performants que leurs concurrents, et ces gens sont les plus motivés pour produire un meilleur travail, quoiqu'ils aient à faire.
- Elles sont mieux organisées pour répondre aux besoins de leurs clients, et elles sont ainsi plus innovantes dans l'anticipation des besoins de ces clients, mieux à même de produire leurs biens et leurs services peu chers, ou de réaliser une combinaison de ces éléments. »[2]

On pourrait bien sûr discuter cet optimisme du meilleur des mondes dans lequel se réconcilient salariés, employés et clients. Ce n'est pas la thèse que nous défendrons dans ce livre. Mais ce qui frappe, c'est l'importance donnée à l'organisation, au sens des *organizational arrangements*, c'est-à-dire non des structures mais de la façon dont les gens travaillent, « s'arrangent » précisément, coopèrent mieux et de façon plus active. Or les bureaucraties, nous le verrons, sont des organisations qui n'exigent de leurs membres que peu de coopération. C'est même, du point de vue de leurs membres, un de leurs principaux avantages. Elles

---

1. Nous reviendrons longuement sur ce concept au début de la deuxième partie.
2. Robert H. Waterman Jr., *op. cit.*, p. 17, traduit par l'auteur.

les en protègent, voire, pour les plus rigides d'entre elles, les en dispensent totalement. Le « moins » se charge alors d'une autre dimension : il touche au cœur du quotidien du travail, à la relation aux autres, à la nécessité de partager, de coopérer, bref à tous ces comportements dont nous montrerons qu'ils n'ont rien de spontané et de naturel.

Cette lecture au deuxième degré du cas américain ne vise pas à dire quoi que ce soit sur sa pérennité, sa supériorité ou son succès. Le recul n'est pas suffisant pour se prononcer[1]. Elle permet de souligner à quel point, dans les années 90, c'est la réalité de la vie quotidienne au travail qui se trouve affectée par la troisième révolution industrielle. Elle autorise même une hypothèse que nous chercherons à vérifier ici : non seulement les cadres ne sont plus protégés comme ils ont pu l'être à une époque antérieure, mais ils sont aujourd'hui dans leur grande masse au cœur de la tourmente dans laquelle se construisent les nouvelles organisations. En définitive, ils subissent de plein fouet ce que nous avons appelé la « précarisation interne ».

Un mal, des mots

« Où va le monde ? » s'interrogeait un jour le chroniqueur Erik Izraelewicz[2]. Et pour illustrer l'alternative, il opposait la nouvelle économie, faite de croissance régulière et créatrice d'emplois, telle que la perçoivent les États-Unis, et « l'approche catastrophe », celle de la très grande dépression, qui a envahi la France et une partie de l'Europe. En effet, même s'il faut prendre garde de ne pas confondre phénomènes conjoncturels et tendances lourdes, une revue de quelques titres de la littérature économique et sociale en France dans la dernière décennie est frappante : *L'Horreur économique* de Viviane Forrester[3] arriverait en tête bien sûr, mais que dire de *La Concurrence et la mort* de Philippe Thureau-Dangin[4], *Les Peurs françaises* d'Alain Duhamel[5], *La France malade du travail* de Jacques de Bandt[6] ? C'est bien d'une littérature

1. Voir par exemple : Luc Lampiere, « États-Unis : pourvu que ça dure... », *Libération*, 8 et 9 février 1997.
2. Erik Izraelewicz : « Où va le monde ? », *Le Monde Économie*, 18 mars 1997.
3. Viviane Forrester, *op. cit.*
4. Philippe Thureau-Dangin, *La Concurrence et la mort*, Paris, Sifros 1995.
5. Alain Duhamel, *Les Peurs françaises*, Paris, Flammarion, 1993.
6. Jacques de Bandt *et al., op. cit.*

« morbide » que l'on pourrait parler pour caractériser cette époque, ce que l'*International Herald Tribune* résumait d'un titre : « Une sombre France, rongée par le doute »[1].

Ces frayeurs et ces doutes s'ordonnent principalement autour de deux thèmes :

- La critique du « tout marché » et ses conséquences sur les hommes. Edgar Morin, comparant de façon brillante le libéralisme à Satan, représente assez bien cette tendance[2]. Viviane Forrester s'en fait l'écho sur un mode littéraire et émotionnel : « Le même phénomène, toujours, des puissants en petit nombre, qui n'ont plus besoin du labeur des autres, lesquels peuvent (leur en avait-on baillé la garde ?) aller se faire voir ailleurs avec leurs états d'âme, leurs bulletins de santé. Hélas, il n'y a pas d'ailleurs. Et, même pour les croyants, pas en cette vie-ci : nous n'avons pas de géographie de rechange ni d'autre sol, et ce sont depuis toujours, sur la même planète, les mêmes territoires qui vont des jardins aux charniers. »[3]
- Lorsque l'émotion laisse la place à l'analyse, la question qui émerge au fil des années et des écrits est celle de la fin, de la limite de ce « toujours plus » demandé aux salariés, qui est en fait un « toujours moins » pour ce qui les concerne. Autour de l'idée de flexibilité, suffisamment générale pour englober aussi bien les conditions *du* travail (statuts, protections, retraites) que les conditions *de* travail (horaires, mobilité mais aussi organisations), s'est développée la crainte d'une détérioration inéluctable et sans contreparties[4]. Même les technologies qui accompagnent – ou provoquent – l'ébranlement sont regardées avec suspicion[5]. Enfin, de l'étranger aussi arrivent des

---

1. Roger Cohen, « A Somber France, Racked by Doubt », *International Herald Tribune*, February 12, 1997.
2. Edgar Morin écrit exactement : « L'intégrisme religieux, le nationalisme ethniciste et différentialiste sont à la fois l'expression de ce conservatisme et la face obscure du libéralisme érigé en système monde. En affirmant cela, on ne remplace pas un Satan par un autre. Le libéralisme n'est pas responsable de tout [...] Seulement sa victoire radicale engendre son envers radical. Et c'est un envers régressif ». Edgar Morin et Sami Naïr, *op. cit.*, p. 194.
3. Viviane Forrester, *op. cit.*, p. 57.
4. Voir par exemple : « La flexibilité toujours recommencée », *Le Monde Initiatives*, 19 février 1997. Alain Lebaube écrit : « Alors que tout a été obtenu par les entreprises, celles-ci continuent de revendiquer des assouplissements, jusqu'où ? ».
5. Voir par exemple : « La France en marge de la société en réseau », *Libération*, 7 février 1997.

pressions qui suggèrent à la France de bouger, de « renoncer » à se protéger plus longtemps[1].

En fait, l'opposition soi-disant caractéristique entre la rigidité française et la souplesse anglo-saxonne pourrait être discutée, et mériterait à nouveau davantage de recul.[2] Mais on peut esquisser une hypothèse que nous creuserons par la suite : les bureaucraties françaises – dont l'administration française est à la fois l'archétype et le modèle que les autres pays ont longtemps cherché à imiter – ont historiquement toujours trouvé des modes d'adaptation spontanée, qui leur permettaient de suivre tant bien que mal les évolutions du tissu collectif dans lequel elles étaient plongées, jamais de les anticiper[3]. Ces modes d'adaptation – par le contournement de la règle, la constitution de réseaux parallèles liés aux grands corps d'appartenance, etc. – apparaissent aujourd'hui simplement dérisoires, voire contre-productifs face au grand saut qu'il s'agit d'effectuer. Surtout, ils avaient pour condition de s'effectuer dans un contexte d'abondance des ressources qui aujourd'hui n'existe plus. Tant que les bureaucraties ont pu « acheter » leurs clients, elles ont survécu et se sont plus ou moins adaptées. Dès lors qu'elles n'en ont plus les moyens, leurs carences, leurs travers, leurs excès apparaissent rapidement insupportables. Le mot souplesse a pris un sens nouveau et le mode de raisonnement des bureaucrates français les laisse souvent sans réponse devant les défis nouveaux[4]. Voilà pourquoi, nous semble-t-il, la mondialisation est porteuse de tant d'angoisses et de tant de craintes : ses conséquences ne peuvent être gérées à la mode hexagonale.

---

1. Ethau B. Kapstein : « Capital mobile, travailleurs immobiles », *Le Monde*, 4 mars 1997. L'auteur écrit (il est professeur d'économie politique à l'Université du Minnesota) : « Les dirigeants européens sont en train de s'attaquer au problème des avantages sociaux, tant à l'intérieur qu'à l'extérieur de leurs frontières [...] En fait, la crise des finances publiques européennes donne à chaque gouvernement l'occasion de réformer le contrat social qui le lie à ses citoyens. »
2. Voir, dans le même numéro du *Monde*, l'article d'Alain Henriot : « Quand la flexibilité modifie les comportements économiques ». L'auteur note que sur 959 000 emplois nets créés entre 1986 et 1996, les trois quarts ont pris la forme de contrats à durée déterminée, d'emplois intérimaires ou de stages rémunérés, rejoignant aussi les remarques de Robert Reich et Jeremy Rifkin sur les États-Unis.
3. François Dupuy, Jean-Claude Thoenig : *L'Administration en miettes*, Paris, Fayard, 1986. Voir aussi, tout à fait dans la même logique, mais onze ans plus tard : « Les auxiliaires de l'État patron », *Le Monde Initiative*, 5 février 1997.
4. Michel Crozier: *La Crise de l'intelligence : Essai sur l'incapacité des élites à se réformer*, Paris, InterÉditions, 1995. Voir aussi : Jacques de Bandt : « Renault, quel triste cas d'école », *Libération*, 12 mars 1997.

L'Allemagne : sortir de la crise autrement

Le cas de l'Allemagne nous permet de pousser plus avant notre inventaire du contexte général dans lequel se déroule la crise des bureaucraties. L'Allemagne a ceci de commun avec la France que le modèle dominant du capitalisme anglo-saxon n'y est pas accepté sans discussion : « À l'origine, » écrit Alain Lebaube, « rien n'est plus opposé à la logique du capitalisme anglo-saxon, de la mondialisation et de la flexibilité que les systèmes centralisés des modèles socio-démocrates qui tendent à uniformiser les relations sociales »[1]. C'est sans doute pourquoi, lorsque, fin 1996-début 1997, le taux de chômage en Allemagne a dépassé la barre des 12 %, ceux qui pressentaient une crise du modèle allemand dans son ensemble se sont trouvés confortés dans leurs positions[2]. Une partie de ces problèmes peut être imputable aux difficultés de la réunification[3]. Mais, sous notre angle, trois points méritent une particulière attention :

- Tout d'abord, quelles que soient les causes complexes des difficultés de ce pays – et sans doute, comme partout, se cumulent-elles – on peut remarquer que l'économie allemande est une économie industrielle, tournée vers le produit. À l'instar de Michel Drancourt, nous insisterons sur le fait que « pendant longtemps les Allemands ont vécu avec le sentiment qu'en réalisant des produits de qualité, ils pouvaient les vendre cher, ce qui permettait un haut niveau de rémunération et de protection sociale »[4]. Ce choix entre coût et qualité est et sera de moins en moins possible, simplement parce que la qualité ira de soi ou se définira davantage à partir du service lié au produit qu'à partir du produit lui-même. Comme le montrera la première partie de ce livre, non seulement le coût n'est pas ce qui vient limiter la possibilité de satisfaire le client (vision classique des bureaucraties qui demandent toujours plus de moyens pour satisfaire leur public), mais c'est l'organisation, au sens des modes de fonctionnement, qui permet de concilier ce qui est souvent apparu comme inconciliable. Opposer coût et qualité – nous prendrons aussi le cas de l'impossible

1. Alain Lebaube : « Pratiques syndicales flexibles en Europe », *Le Monde Initiative*, 19 mars 1997.
2. Par exemple :
   François Gave : « Le modèle allemand est-il en crise ? », *Centre d'études et de recherches internationales - FNSP*, N° 19, septembre 1996 ;
   Serge Milano : *Allemagne : la fin d'un modèle*, Paris, Aubier, 1996.
3. « Duisbourg : le coup de grâce de la réunification », *Libération*, 24 février 1997.
4. Michel Drancourt : « Révolution chez les managers », *Sociétal*, N°4, janvier 1997.

réforme de l'hôpital en France – revient à mobiliser à bon compte son client au profit de son propre immobilisme. Parallèlement, du point de vue de la gestion du changement, cela renvoie aux gains de productivité physique, sans imagination, brutaux, qui ne font qu'accroître les craintes et donc les résistances et les conflits.

Cela nous conduit à souligner le deuxième point intéressant de l'exemple allemand : la tentative qui voit le jour dans ce pays de sortir du dilemme autrement que par la crise. Pour conjoncturelle qu'elle soit, l'opposition Renault/Volkswagen est éclairante[1]. Elle montre que la sortie des bureaucraties techniques, même si elle est toujours difficile, peut être gérée à un coût moindre que récemment en Grande Bretagne et même aux États-Unis, ou aujourd'hui encore en France.

- Dernier élément remarquable dans l'exemple allemand – mais on pourrait dire la même chose de la Suède – la crise des bureaucraties atteint aussi, par ricochet, les organisations qui par tradition se sont greffées sur ces bureaucraties, et même s'en nourrissent. C'est le cas du syndicalisme. Nous avons déjà noté plus haut, avec Robert Reich, le déclin du syndicalisme américain, pourtant supposé enraciné dans le monde du travail et doté de moyens considérables. À propos de ce syndicalisme mythique, Jeremy Rifkin parle de « capitulation »[2]. L'Allemagne vit sans doute quelque chose de différent : le syndicalisme y a été et y est encore, sans doute, plus institutionnalisé qu'aux États-Unis. En conséquence, si le modèle allemand implose, le syndicalisme devrait imploser avec lui. Or, ce n'est pas le cas, ou du moins pas de façon aussi caricaturale. Les bureaucraties syndicales, comme les autres, sont mises au pied du mur et doivent s'adapter[3] en revoyant à la fois leurs niveaux d'action (branche ou entreprise, ou établissement) et leurs modalités d'action (de la négociation globale à l'assistance aux cas particuliers).

La nécessité du changement ici ne vient pas de la compétition directe, elle est la conséquence indirecte de la transformation de l'environnement. On en retiendra cette leçon capitale : il n'y a pas que les bureaucraties directement sur le marché, ou en passe d'y être mises, qui

1. « Volkswagen relance ses innovations sociales pour résoudre ses surcoûts de production », *Le Monde*, 6 mars 1997.
2. Jeremy Rifkin, *op. cit.*, p. 154.
3. Voir *Le Monde Initiatives*, 19 mars 1997.

sont appelées à disparaître. L'effet de contagion les atteindra toutes, selon des modalités que nous essaierons de cerner.[1]

L'Asie ou la fragilité des « dragons »

Allons plus loin dans notre réflexion, en nous intéressant à quelques pays d'Asie (Japon, Corée du Sud, Chine). Nous avions déjà eu par ailleurs l'opportunité de présenter une analyse du « miracle japonais », insistant bien davantage sur une lecture de ce marché en termes de système (son organisation au sens où nous l'employons dans ce livre), que sur les recettes miracles et autres exagérations fantasmatiques que les occidentaux ont tenté d'importer[2]. Nous avions mis en évidence, à partir de l'analyse du marché de l'électroménager blanc, deux faits explicatifs qui semblent de nos jours encore mal compris. D'une part, l'organisation moyenâgeuse du système de distribution japonais, au regard de la puissance et de la remarquable entente du système de production. Ce dernier, largement cartellisé, tient sous son contrôle ferme des distributeurs émiettés et dépendants, qui, quels que soient l'appareil législatif en vigueur et les protestations de bonne foi des autorités, ne se risquent pas ou peu à proposer des produits étrangers. D'autre part, cette domination du marché domestique par les producteurs, appuyée par un contrôle financier des organisations de consommateurs, permet la constitution d'un noyau de travailleurs fidélisés à vie. Cet attachement est lui-même rendu possible par l'externalisation de son coût sur des *part-timers*, taillables et corvéables à merci, qui sont ceux qui, en dernière instance, désacralisent le miracle en en montrant la dimension concrète et peu romantique.

Dans un tel cas, le problème du coût n'est pas résolu à travers la technique (hypothèse Rifkin)[3], ou l'organisation comme nous nous proposons

1. De ce point de vue, la mue de la CFDT en France est aussi intéressante à observer que la crispation de la CGT. La fameuse crise ouvre un créneau à la première tandis qu'elle obscurcit l'avenir de la seconde.
2. François Dupuy et Jean-Claude Thoenig : *La Loi du marché : étude sur les marchés de l'électroménager blanc en France, aux États-Unis et au Japon*, Paris, L'Harmattan, 1986.
3. Jeremy Rifkin, *op. cit.*, p. 195. Rifkin écrit : « Les nouvelles technologies commencent à permettre au secteur habillement des pays industrialisés d'être aussi compétitif que les entreprises de confection des pays à bas salaire. Au fur et à mesure que le processus de fabrication se pliera aux reconfigurations et à l'automation, même les exportateurs du tiers-monde comme la Chine ou l'Inde seront contraints de passer des méthodes actuelles à forte densité de main d'œuvre à des techniques meilleur marché et plus rapides de production mécanisée. »

de le démontrer. Il l'est à travers une pression sur la main d'œuvre. Simple, dira-t-on. Mais cet avantage compétitif apparaît limité dans le temps. Les grèves de décembre 1996 en Corée du Sud ont attiré l'attention sur la pression sociale qui s'y exerce depuis les années 1980 et qui tend inexorablement à réduire l'avantage dont ces pays disposaient[1]. La langueur persistante du Japon, qui inquiète tant les Américains pourrait bien avoir les mêmes origines. On peut faire l'hypothèse, finalement raisonnable, que la Chine suivra à plus ou moins long terme la même voie[2].

Qu'en conclure ? Que le triomphe du Japon, de la Corée du Sud et peut-être demain de la Chine, ne sont que des triomphes temporaires de pays qui, grâce à un coût peu élevé de la main d'œuvre, acquièrent un avantage sur le marché ? Les tenants de la disparition du travail ajouteraient « en attendant l'inutilité de cette même main d'œuvre ». Peut-être... Il n'en reste pas moins vrai que la pression sur les coûts de main d'œuvre ne durera pas. Et ce pour deux raisons : d'abord, parce que les pays développés s'y adapteront soit en réduisant le coût de la leur comme ils l'ont déjà fait, soit surtout en cherchant dans leurs modes d'organisation leurs propres gains de productivité. Ensuite parce que les pays asiatiques suivront la même voie, comme le font déjà les plus anciennement développés d'entre eux. Pour peu que les pays occidentaux soient imaginatifs, arrivent à « penser l'impensable », comme nous le suggérerons dans ce livre, les voyages à la recherche de modèles changeront de sens.

La Suisse aussi !

Pourquoi terminer ce panorama introductif par un détour, même bref, par la Suisse ? D'abord parce que la Suisse a déjà anticipé, par ses entreprises internationales comme Nestlé ou ABB, la globalisation et la révolution organisationnelle qui y est liée. Elle en est même un des instruments. Ensuite parce que tout au long de cette introduction nous avons essayé de souligner que, pour parler très grossièrement, fin des bureaucraties pouvait s'assimiler à fin des protections. Or s'il est un pays dans lequel

1. Jean-Raphaël Chaponnière : « Les leçons de la crise en Corée du Sud », *Le Monde*, 28 janvier 1997.
2. Voir Eric Israëlewicz : « Ombres et réalités chinoises », *Le Monde Économie*, 25 février 1997.

cette idée de protection – contre tout : le monde, la pollution, les conflits –, est bien ancrée, c'est la Suisse. Et pourtant, en cette dernière décennie, ce petit pays subit les mêmes contraintes, et donc les mêmes doutes et les mêmes peurs, que ses voisins plus puissants. Stéphane Garelli, professeur à l'université de Lausanne note : « en fait le pays a deux économies : une économie de globalité, constituée d'entreprises internationales extrêmement performantes et ouvertes sur le reste du monde, et une économie de proximité traditionnellement protégée et chère. On assiste aujourd'hui à une dichotomie de plus en plus marquée entre les deux. L'économie de globalité va bien et se restructure, tandis que l'économie de proximité souffre et stagne ».[1] Là comme ailleurs, tout ce que les hommes ont inventé pour s'éviter les tourments de la confrontation aux autres – la coopération – se trouve remis en question. Mais insistons sur ce point : nous ne visons pas ici les protections statutaires classiques ; elles ne constituent qu'un élément particulier, et sans doute mineur dans le cas de la Suisse. Nous désignons les situations de relatif confort au travail que les organisations traditionnelles ont petit à petit créé pour leurs membres, et qui aujourd'hui s'effondrent. L'exemple suisse nous incite à inclure une nouvelle dimension à cet ouvrage. Parler de bureaucratie, au sens où plus loin nous la définirons, n'induit rien sur la dimension des organisations dont il s'agit. Nul doute que l'économie protégée de la Suisse dont il est ici question n'est pas constituée de monstres tentaculaires sur le modèle de l'Éducation nationale française ou italienne. Plus simplement, il faut le constater, la révolution des organisations s'est insinuée partout. À la manière d'un rouleau compresseur, elle atteint tous les pays et toutes les formes collectives de production de biens et services, sans égard pour la taille, le statut ou toute autre considération.

Pourquoi les organisations ?

Ce livre se propose donc de mettre au centre du débat sur la globalisation, sur la mondialisation, les organisations (entreprises ou administrations). Notre propos est d'aider le lecteur en général, et le praticien en particulier, à comprendre le mouvement dans lequel elles sont engagées, et

---

1. Stéphane Garelli : « Même la Suisse doit changer », *Le Monde*, 4 février 1997.

à détecter où se trouvent les marges de manœuvre. Ce problème du sens – simplement comprendre ce qui se passe – nous frappe. Depuis des années, dans les séminaires que nous menons avec les cadres, il nous semble que plus personne ne discute la nécessité de changer : c'est même devenu un poids lourd de la rhétorique des temps modernes. Mais quand la question est posée de savoir pourquoi il faut changer, alors la plupart bredouillent ou restent cois. Et bien sûr, moins le sens existe, moins les problèmes sont connus, et plus les solutions sont difficiles à trouver, à accepter, et à mettre en œuvre. Accepter de répondre au « pourquoi » avant de se pencher sur le « comment », c'est déjà un moyen de partager quelque chose sur le diagnostic, sur l'identification du problème. C'est déjà un grand pas de franchi.

Si nous choisissons l'angle des organisations, c'est aussi en raison d'un constat historique. Toutes les révolutions technologiques, jusqu'à nos jours, se sont accompagnées de révolutions d'organisation. Nous reviendrons dans cet ouvrage sur le Taylorisme comme révolution organisationnelle, sans doute encore inachevée. Mais il n'y a pas de raison que notre époque fasse exception à la règle. L'explosion des technologies de toute nature va à nouveau bouleverser la situation des hommes au travail. C'est ce que nous essaierons de regarder avec des concepts simples et à partir de cas qui permettent de mieux appréhender les constats énoncés.

Les concepts proposés seront simples, parce que la réalité, elle, est complexe. C'est à nouveau un point sur lequel bon nombre d'auteurs se retrouvent. Il faut penser différemment pour arriver à comprendre, et, si possible, à maîtriser la réalité. Il faut, répétons-le, « penser l'impensable », sinon cet impensable se pensera et s'installera sans nous, donc sans doute dans le drame et la douleur que l'incompréhension ne fait qu'accroître.

Nous avons donc pris le parti de diviser ce livre en deux parties.

La première partie sera consacrée au « pourquoi ». Pourquoi les organisations – en particulier celles que nous appelons les bureaucraties – doivent-elles changer ? Finalement, ce client qui fait face au bureaucrate, que lui demande-t-il ? Nous aborderons ici le problème du sens déjà évoqué.

La deuxième partie sera centrée sur le « comment ». De quels outils dispose-t-on (intellectuels et méthodologiques) qui permettent d'accompagner ce changement, ou même simplement d'en réduire le coût humain ?

PREMIÈRE PARTIE

LA VICTOIRE DU CLIENT : UN DÉFI POUR LES ORGANISATIONS

1

ACCEPTER LE CONCRET, DONC LA COMPLEXITÉ

QUELLES sont les conséquences de la « victoire du client » sur les organisations ? Il ne s'agit pas de s'inscrire dans le débat sur l'adaptation des structures des entreprises aux nouvelles données de la concurrence, ni de discuter des bienfaits de l'organisation matricielle par rapport à l'entreprise verticalisée, ou encore des vertus de la centralisation au regard des handicaps d'une décentralisation excessive. C'est un débat classique sur les types de structures d'organisation qui, à partir de Taylor, tient une place importante dans la littérature. Henry Mintzberg lui a consacré un livre fondateur[1], et depuis, cet intérêt pour les « structures » ne s'est pas démenti[2]. Certains font même du changement de structure le pivot, la pierre angulaire du changement des organisations[3].

Selon nous, malgré son intérêt, ce débat masque l'essentiel et esquive la difficulté. Ce n'est en effet qu'à partir du moment où la différence

1. Henry Mintzberg : *Structure et dynamique des organisations*, Paris, Éditions d'Organisation, 1982.
2. Voir par exemple l'analyse présentée in Michael Hammer et James Champy, *op. cit.*, p. 15-40, ou « Le taylorisme dépassé mais jamais remplacé », *in* Isabelle Francfort, Florence Osty, Renaud Sainsaulieu : *Les Mondes sociaux de l'entreprise*, Paris, Desclée de Brouwer, 1995, pages 49-98, ou P. Zarifian : *Quels nouveaux modèles d'organisation pour l'industrie européenne ? L'émergence de la firme coopératrice*, Paris, L'Harmattan, 1993. Ou encore, si l'on veut, un classique: Lawrence et Lorsch : *Adapter les structures de l'entreprise*, Paris, Éditions d'Organisation, 1986.
3. Voir par exemple : D. Nadler et al. : *Organizational Architecture : Designs for changing organizations*, Jossey-Bass, 1992.

entre organisation et structure aura été clairement établie et, espérons-le, clairement comprise, que l'on pourra anticiper l'ampleur des transformations actuelles et futures des entreprises et les administrations. Cette confusion entre organisation et structure revient de façon lancinante sur le devant de la scène pour une raison en partie intellectuelle : la réalité, c'est-à-dire la façon concrète dont les organisations fonctionnent, dont les gens travaillent, coopèrent, résolvent leurs problèmes, etc., cette réalité-là fait peur. Nous y reviendrons. Mais la raison de cette confusion est également pratique : si le changement – même présenté comme fondamental – peut être réduit à des transformations d'organigramme, à des déplacements de « cases », de fonctions, de responsabilités, à des rattachements de service à de nouvelles directions, ou en définitive à la construction de tout « mécano » de ce type, alors les choses sont relativement plus simples.

Organisation n'est pas structure

Pourtant, la distinction entre ce que des spécialistes plus anciens ont appelé le formel et l'informel[1] a déjà fait l'objet de mises au point que l'on aurait pu penser définitives. Reprenons simplement l'article de Waterman, Peters et Philipps, en rappelant qu'il date de 1980. Sous le titre simple, que nous pourrions ici faire nôtre : *Organization is not structure*, les auteurs écrivent :

« Le surréaliste belge René Magritte a peint des séries de pipes qu'il a intitulées “ceci n'est pas une pipe”. La peinture d'une chose n'est pas cette chose. De la même façon, une structure n'est pas une organisation. Nous savons tous cela, mais comme si nous l'ignorions, quand nous réorganisons, en fait, nous restructurons.

Intellectuellement, tous les managers et consultants savent qu'il y a beaucoup plus dans l'organisation que ce que les organigrammes, les cases, les lignes hiérarchiques, les descriptions de fonction ou les matrices peuvent décrire. Mais toujours nous nous comportons comme si nous ne le savions pas. Si nous voulons changer, nous changeons de

1. F. J. Roethlisberger et William J. Dikson : *Management and the worker*, Harvard University Press, 1939.

structure »[1]. Tout est dit, et pourtant tout doit être répété : « Les modèles d'organisation utilisés jusqu'alors nous paraissent insuffisants pour décrire la réalité de l'entreprise et pour la gérer. Ils sont fortement imprégnés d'images qui proviennent de la physique des solides (donc de matière inanimée) et de pratiques militaires et administratives, et reflètent des univers peu complexes et peu dynamiques »[2]. Peu de choses séparent ces deux textes, si ce n'est dix-sept ans.

Il y a donc lieu de s'interroger à nouveau sur la nature de la distinction entre structure et organisation, et sur les raisons de la permanence de la confusion. En un mot, on ne peut qu'être frappé par une contradiction apparente qui émaille toutes nos discussions avec les cadres, et ce quel que soit leur univers culturel. Lorsque nous leur disons, au fil du discours, que les organisations ne fonctionnent pas suivant leurs règles et leurs procédures, et que d'ailleurs, si tel était le cas, elles ne fonctionneraient pas, non seulement tous approuvent, mais encore ils citent exemple sur exemple pour illustrer le propos. Ils notent que chaque langue a trouvé ses mots pour exprimer cette réalité : « tourner la règle » pour les Français. « *To break the rules* » ou « *to bend the rules* » pour les Anglo-saxons. Pourtant, lorsque nous leur demandons de décrire leur organisation, ils en dessinent immédiatement l'organigramme et la plupart du temps s'arrêtent là. Poussés dans leurs retranchements, ils veulent bien parler des « individus », de leurs caractéristiques psychologiques ou physiques (âge, sexe, etc.), mais butent immanquablement sur le « comment ça marche », c'est-à-dire sur la réalité. Parlant des organigrammes, des procédures, ils ont le sentiment d'être concrets parce qu'ils parlent de ce qui est visible et immédiatement visualisable.

Voilà la première confusion à lever : il faut s'intéresser à ce qui est vraiment concret, même si la réponse à cette nécessité entraîne vers la complexité. Les dérives journalistiques ont conduit à cette erreur banalisée que ne peut être considéré comme concret que ce qui se voit et s'appréhende physiquement. Cette logique poussée à l'extrême – comme c'est souvent le cas – aboutit à considérer comme contradictoires démarche intellectuelle et utilisation de concepts d'une part, et concret d'autre part. Le trop fameux « soyez concret » du débat télévisé privilégie

1. Robert H. Waterman, Jr., Thomas J. Peters and Julien R. Philips : « Structure is not organization », *Business Horizons*, Volume 23, number 3, June 1980, p. 14-26. Traduit par l'auteur.
2. Alexander Bergmann, Bernard Uwaminger : *Encadrement et comportement*, Éditions Eska, Paris, 1997, p. 344.

les chiffres, les statistiques, les anecdotes et non les faits, le simplisme et non la complexité, le visible et non le compréhensible. Bref, la confusion entre l'apparence et la réalité, et, en matière de changement, entre le symptôme et le problème.

Il faut reconnaître que ce faisant, nous nous trompons, et nous appelons concret ce qui est en fait très abstrait. Prenons quelques exemples de la vie quotidienne. Quoi de plus abstrait que la règle de l'État d'Indiana, qui interdit la vente d'alcool le dimanche, alors que toutes les études montrent que la consommation atteint son point maximal ce jour-là précisément ? Mais pour en rester aux organisations, quoi de plus abstrait, dans une bureaucratie classique, que de dire à un chef d'atelier ou un cadre « vous êtes le chef » (pouvoir hiérarchique) sans lui donner à contrôler aucun des éléments déterminants pour obtenir la coopération de ceux qu'il est censé diriger[1] ? Nous avons même pu observer, à partir de cette confusion, le développement de ce que nous appelons les « organisations virtuelles »[2]. S'appuyant sur des structures qui ne représentent que de très loin leur fonctionnement, se basant sur des chiffres – sur les possibilités du marché par exemple – qui n'expriment que ce que les commerciaux pensent devoir révéler de ce marché, ces organisations construisent sans hésiter un système de « reporting », un contrôle de gestion, des systèmes de gestion des ressources humaines, qui « moulinent » des chiffres, des critères, des prévisions qui ont peu à voir avec le monde réel. Dans le fond, nous renouons ici avec le vieux principe selon lequel une bureaucratie est toujours à même d'inventer de quoi justifier son activité. Et, lorsque dans ces organisations qui, répétons-le, développent une fascinante capacité à s'agiter dans le vide, vous posez la question de la réalité – « en fait, que se passe-t-il ? » – vous êtes aussitôt soupçonné de compliquer les choses à plaisir. Ce paradoxe qui n'est pas des moindres permet de comprendre où est le problème : le concret est supposé être simple alors qu'en fait la réalité est complexe.

Le concret, au moins en matière d'organisation, c'est autre chose[3]. Nous le définirions de façon pratique comme l'ensemble des stratégies

1. La gestion de l'incertitude devrait-on dire pour employer le terme exact. Voir Michel Crozier : *Le Phénomène bureaucratique*, Paris, Éditions du Seuil, 1964.
2. Voir dans la deuxième partie, le cas de la « Banque Européenne de Développement ».
3. Nous faisons ici explicitement référence au concept de « système d'action concret », dont on n'a sans doute pas saisi toute l'importance et toute l'originalité. Pour sa présentation précise et convaincante, voir Michel Crozier, Erhard Friedberg : *L'Acteur et le système*, Le Seuil, Paris, 1977.

que développent des acteurs, individuels ou collectifs, qui entrent en relation autour de problèmes à résoudre, et mobilisent pour cela des ressources et affrontent des contraintes. Cela a deux implications :

Tout d'abord, le concret, c'est ce que font les acteurs et non pas ce qu'ils devraient faire (les règles et les procédures). On voit alors que le changement ne consiste pas principalement en la modification des structures ou des procédures mais bien en celle des « stratégies », ou plus simplement, des comportements des acteurs. Nous y reviendrons dans la partie suivante.

La deuxième implication revêt une importance capitale pour la maîtrise du changement : les organigrammes, les règles, etc., sont un élément du contexte des acteurs (ce que nous avons appelé des ressources et des contraintes). Par conséquent, elles peuvent servir de leviers, à condition d'avoir bien compris leur dimension systémique (les acteurs les utilisent, jouent avec), et non pas leur simple dimension linéaire (les acteurs font ce qu'elles prévoient)[1]. En guise d'exemple, étudions le cas d'un système complexe dans lequel les règles produisent des effets contraires à ceux escomptés. Il s'agit du système de transports terrestres publics de marchandises en France, tel qu'il existait il y a quelques années[2].

Un cas pratique : le transport routier de marchandises en France

Sous cet énoncé rébarbatif, se cache en fait l'analyse du transport des marchandises par la route, lorsque le chargeur – celui qui a un chargement à transporter – ne transporte pas lui-même ses propres produits, mais en confie la charge à une société spécialisée.

Traditionnellement, les pouvoirs publics – en l'occurrence les fonctionnaires de la Direction des Transports Terrestres au ministère des Transports – développent ce que nous avons appelé une vision linéaire.

1. Sur cette utilisation « systémique » des règles, on peut renvoyer à Erhard Friedberg : *Le Pouvoir et la règle*, Le Seuil, Paris, 1993.
2. Nous avons fait une première présentation de ce cas dans : François Dupuy, Jean-Claude Thoenig : « Public transportation policy making in France as an implementation problem », *Policy Sciences*, 11, 1979, p. 1-18.

À leurs yeux, le problème principal de ce secteur est celui de la fraude des transporteurs, qu'ils soient indépendants ou salariés[1]. On peut aisément le comprendre. À partir de la nationalisation des chemins de fer en France (1936), les transports routiers ont été soumis à une réglementation détaillée, tatillonne, couvrant ou ayant couvert tous les domaines de l'activité : depuis le fait même de pouvoir transporter (licences de transport en zone longue), jusqu'aux conditions « sociales » du transport (temps de conduite, temps de repos, etc.) en passant par la fixation des prix (longtemps a existé une TRO, Tarification Routière Obligatoire, fixant pour chaque produit transporté un prix plafond et un prix plancher). Enfin, à la réglementation nationale s'ajoute la réglementation européenne.

Poursuivant leur raisonnement, les fonctionnaires responsables ajoutent : la statistique démontre que la fraude produit l'accident (endormissement au volant ou conduite d'un véhicule en surcharge), sa réduction est donc une mesure de sécurité publique. Par là même, ils arrivent à convaincre le ministre d'agir. C'est en effet un secteur sensible qui démontre régulièrement (1992, 1997) et partout (voir le Chili) sa capacité à paralyser l'activité économique. Le ministre a de ce fait une vision pragmatique – il ne s'attaque au problème que s'il pense en tirer un bénéfice visible par les électeurs, ici une diminution sensible des victimes de la route.

Mais par quel bout prendre ce problème ? C'est ici qu'intervient le raisonnement linéaire, qui refuse la complexité. Si les routiers fraudent, passent à travers les mailles du filet, c'est que celles-ci sont trop lâches. Il suffit donc de les resserrer, en l'occurrence et concrètement d'enrichir la réglementation contraignant directement l'action des routiers – le permis à point en 1992 – et de multiplier les contrôles sans lesquels la réglementation reste sans effet sur des acteurs qui a priori ne s'en soucient guère, pour des raisons que le fonctionnaire n'appréhende qu'en termes moraux. Même caricaturale, cette présentation permet de comprendre que, pour le représentant de l'État, le « transport » que nous allons analyser comme un système complexe, se réduit à une activité – le véhiculage – et à un acteur – celui qui conduit le camion et encore,

1. Le problème se pose aujourd'hui en des termes différents : pour une actualisation de ces cas voir : Frédéric Ocqueteau et Jean-Claude Thoenig : « Mouvements sociaux et action publique : le transport routier de marchandises », *Sociologie du travail*, IV, 1997, pp. 397-423.

seulement lorsqu'il enfreint la loi. Cependant, à la lecture des résultats concrets de cette stratégie – prolifération des règles et des contrôles – le désespoir nous étreint : la fraude est en hausse constante, nécessitant de nouvelles règles, jusqu'au moment où le système entier explose, lorsque le cercle vicieux est devenu si étroit qu'il faut bien le briser.

Y a-t-il une alternative à cette vision à la fois simplificatrice et inefficace ? Oui, à deux conditions : accepter la complexité – ici, ne pas réduire le problème de la fraude au simple comportement du routier qui conduit le camion – et consentir à partir du terrain et de son écoute, c'est-à-dire de la compréhension du « comment ça marche ». Illustrons : s'il y a des marchandises dans un camion, c'est que quelqu'un a des produits à transporter. Nous l'avons appelé le chargeur. Celui-ci peut s'adresser directement à un transporteur, généralement un « gros transporteur » – nous reviendrons sur cette qualification – ou à un intermédiaire, que l'on appelle dans la profession un auxiliaire-groupeur-affréteur-transitaire, véritable spécialiste à la fois de la réglementation – il en connaît tous les entrelacs – et du rapprochement de l'offre et de la demande. C'est lui qui permet de compléter un chargement ou d'éviter un retour à vide.

Dans cette activité la sous-traitance est monnaie courante. Le « gros transporteur » pourra donc transférer un contrat à plus petit – plus démuni ? – que lui, de la même façon que l'auxiliaire pourra choisir son sous-traitant, en fonction de la nature du travail demandé. Arrêtons-nous un instant : parti d'une vision simple avec un seul acteur, celui qui conduit le camion, nous voilà maintenant en présence d'au moins quatre acteurs : le chargeur, l'auxiliaire, le gros transporteur, le petit transporteur. Encore faudrait-il leur ajouter, pour être exhaustif, la SNCF, premier transporteur routier du pays, les diverses polices qui effectuent les contrôles, et les différentes administrations – Équipement, Travail, etc. - qui élaborent les règles, distribuent les documents, et parfois effectuent des contrôles.

Faisons un pas de plus vers la complexité grâce à deux constats. Tout d'abord, la pression sur les prix. Du temps où existait la TRO, la plupart des transactions s'effectuaient au prix plancher, voire, officieusement, en dessous. Depuis, c'est à peu près la même situation. Cela indique clairement qu'ici, c'est le frêt qui est rare et non le transport. Qui contrôle cette rareté – cette incertitude – a le pouvoir. En l'occurrence, il s'agit soit du chargeur, soit de l'auxiliaire, soit du gros transporteur qui recourt à la sous-traitance, tous ces acteurs ayant en commun de ne pas conduire de camion, donc de n'être pas directement visés par la réglementation[1]. Singulier paradoxe du raisonnement linéaire qui fait porter la « faute » à l'acteur le plus démuni du système, simplement parce qu'il est « visible », et qui finalement ignore ceux qui ont le pouvoir réel. Le « faux concret », c'est cela : la confusion entre l'apparence et la réalité.

Le second constat est une question : dans un pays qui a toujours rendu les intermédiaires responsables de ses malheurs, on aurait pu s'attendre à ce que le chargeur assure lui-même le transport ; or, il fait appel à une société de transport. Pourquoi ? Pour le comprendre, il faut s'intéresser à la logique du chargeur : il doit gérer à la fois une contrainte amont et une contrainte aval. En amont, il subit la pression d'un univers de production, toujours plus orienté vers les flux tendus, le « juste-à-temps », qui conduisent à « sortir » la demande et à livrer au dernier moment. En aval, il est confronté à son client qui veut, lui aussi, éviter les stocks et ne disposer de la marchandise qu'au moment de la mettre en rayons. Si à cette double contrainte, on ajoute celles issues de la réglementation des transports, il va devenir rapidement impossible au même acteur de tout concilier. Tout naturellement, le chargeur va se concentrer sur son propre problème, la relation avec son client, et externaliser vers le spécialiste – le transporteur ou l'auxiliaire – ce qui relève de cette activité. Dit de façon brutale, il va lui demander de la souplesse, c'est-à-dire de la fraude, ou le patron de la société de transport va la demander à « son salarié », ce qui revient au même. Cela veut-il dire que tout n'est que fraude ? Non, bien sûr, mais le chargeur ne ferait-il appel à cette « souplesse » que dans 1 % des cas, de la réponse positive du transporteur à ce moment-là va dépendre la fidélité du client, dans un univers dans lequel, rappelons-le, ce qui est rare, c'est le fret.

Poursuivons le voyage dans le « concret ». Supposons que la demande du chargeur soit particulièrement difficile à satisfaire, impliquant un haut niveau de non-application des règles, et en même temps une faible rémunération. Le gros transporteur auquel elle échoit a la possibilité d'accepter, on a vu pourquoi, sans prendre le risque de faire lui-même. Il va à son tour sous-traiter à plus faible que lui, au « petit transporteur »

1. Au moins avant 1992/1993.

dont nous sommes à même maintenant de comprendre la caractéristique qui n'a rien à voir avec le nombre de camions possédés par l'entreprise. Le petit transporteur est celui qui conduit lui-même son camion – ou un de ses camions – et, de ce fait, n'a aucune disponibilité pour une action commerciale, et dépend entièrement des autres pour trouver du fret. On va lui en donner, directement par l'auxiliaire, ou en sous-traitance par le gros transporteur – qui lui ne conduit pas, n'a pas « le cul dans le camion »[1]. Ce qu'on lui donne, on l'a compris, c'est la fraude, et moins il a de liberté, plus il l'accepte, y compris lorsqu'elle s'accompagne d'une rémunération sur laquelle chacun a prélevé sa dîme.

Que dire ? Que, vue du système, la fraude n'est pas un problème mais une solution. Elle est ce que les spécialistes de marketing appellent un « avantage différentiel », dans un monde dans lequel il faut avant tout capter le fret. Dans un tel contexte, accroître la réglementation sur les acteurs les plus démunis ne fait que restreindre un peu plus leurs marges de manœuvre, donc leur réelle possibilité de choix. En juillet 1992, les plus faibles d'entre eux, chauffeurs ou artisans, ont paralysé le pays pour dénoncer ces contraintes et dire simplement qu'ils ne pouvaient pas rouler moins vite[2].

Ajoutons un point. Si l'on comprend bien cette idée de « système des transports », le système d'action concret de Crozier et Friedberg, par opposition à la vision simpliste de l'activité de véhiculage, on est amené à se poser la question du coût. Tout tourne autour de la fraude – elle est la régulation, dirait le sociologue – mais celle-ci a un coût : l'accident. Que faire ? Nous voilà mis en présence d'un nouvel acteur, dont personne jusque-là n'a mentionné l'existence et l'importance : la compagnie d'assurance qui ne distingue pas, dans ses comptes, un risque poids lourd spécifique. Elle devient l'instrument par lequel le surcoût engendré par la fraude, comme mode de régulation du système des transports terrestres, est externalisé sur l'ensemble du parc automobile.

Dès lors, le changement pourrait être pensé de façon systémique et non pas linéaire. Par exemple, lorsqu'un accident impliquant la responsabilité d'un poids lourd entraîne des conséquences physiques, pourquoi ne pas impliquer l'ensemble de la chaîne donneuse d'ordre,

1. C'est l'expression consacrée dans la profession.
2. Voir François Dupuy, « Personne n'écoute », *Le Monde*, juillet 1992.

et non pas seulement celui qui conduit le camion ? C'est ce qui se fait maintenant suite au mouvement de 1992. Pourquoi ne pas mutualiser le risque poids lourd, sur le modèle anglais, c'est-à-dire ré-internaliser dans le système le coût de son propre fonctionnement, le mettant par là même en situation de fonctionner autrement, à moindre coût, donc moindre fraude ? Paradoxe de la complexité : la logique formelle pourrait s'en trouver renversée au profit d'un raisonnement peut-être moins « simple » dans sa formulation, mais ô combien plus concret dans sa prise en compte de la réalité : au faux bon sens qui nous dicte « puisque la fraude produit l'accident, réduisons la fraude, nous réduirons l'accident », on peut substituer la démarche suivante : « c'est en rendant le coût de l'accident insupportable à l'ensemble du système des transports terrestres qu'on pourrait l'amener à réduire la fraude, qui est justement à l'origine du surcoût. » Bref, une fois comprise la réalité, réduisons l'accident pour réduire la fraude !

Les deux figures ci-dessous représentent les deux raisonnements que nous venons de comparer.

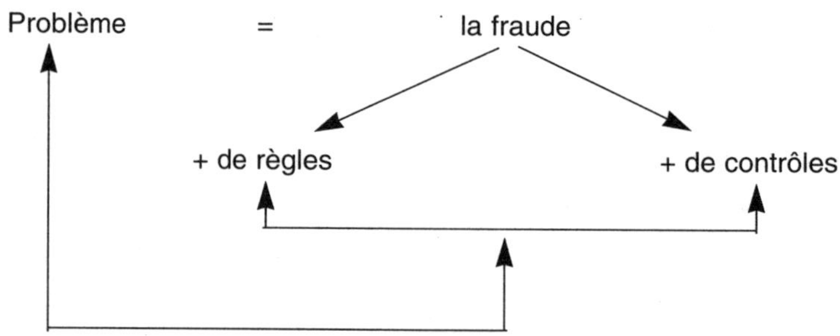

Figure 1. *Le raisonnement linéaire et causal*

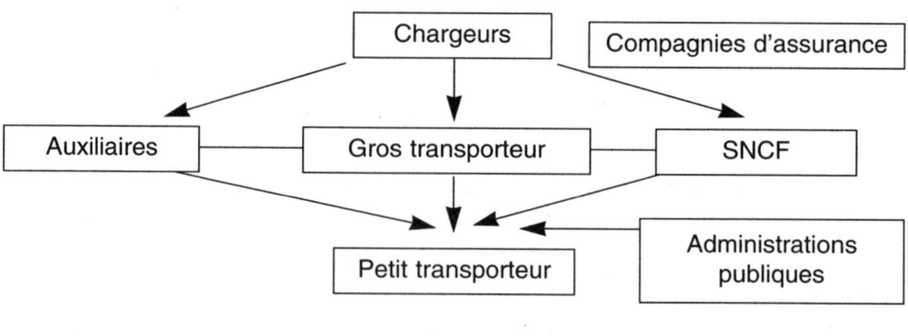

Figure 2. *Le raisonnement systémique et complexe*

Ainsi donc, complexité et simplicité ne sont pas contradictoires, pas plus que ne le sont complexité et concret. Seul la régression intellectuelle les oppose, qui n'appréhende que l'apparence (les pipes de Magritte) et non la réalité, celle qui a du sens pour les acteurs et qui devrait en avoir pour les dirigeants. Ce refus du concret, ce retour constant à l'abstraction marque, de façon lourde et récurrente, la vie des entreprises, les discussions qui s'y tiennent, et les processus de décisions qui les caractérisent. Chacun peut ainsi se protéger – « j'ai pris une décision, j'ai changé la structure » – sans avoir à toucher à la réalité des choses, sans même avoir à en parler, ce qui est autrement plus compliqué, et perçu comme autrement plus dangereux.

Le paradoxe du dirigeant

La réalité – le concret – effraie. Principalement les responsables. Bien sûr, tout le monde a déjà dit et répété que leur mode même de formation ne les prédispose pas à la voir. En France, les grandes écoles sont avant tout techniques, qu'il s'agisse de « technique technicienne » ou de technique administrative. Aux États-Unis, dès après la *graduation* et y compris dans les meilleures *business schools*, la présentation de modèles abstraits se substitue à un véritable investissement dans la compréhension de la réalité. C'est dans ce dernier pays un mouvement de fond qui marque ces trois dernières décennies.

Mais il y a plus. Pour le dirigeant, la réalité est perçue comme une menace. Il ne se résout donc à la regarder qu'en dernière instance, sous la contrainte. Mais pourquoi une menace ? Sans doute parce que cette réalité met tout le monde à nu, et de ce fait révèle à l'ensemble de l'organisation, à la fois la faiblesse réelle du pouvoir des chefs (faiblesse par ailleurs relative mais qui doit être rapportée à leur image d'omnipotence et d'omniscience), leur impact limité sur les événements, et, finalement, leur haut degré de dépendance. N'oublions pas, en effet, que les organisations en général et les bureaucraties en particulier sont des systèmes de pouvoir inversé. Les chefs dépendent davantage des subordonnés que les subordonnés ne dépendent des chefs. Mise à jour, cette donnée de base de la vie collective affecterait sensiblement le comportement du dirigeant. Elle l'amènerait à plus de modestie quant à sa capacité d'action : dans nos modèles dominants, le chef est supposé presque tout savoir, et être à même de décider en fonction de l'intérêt commun. Aujourd'hui, on appellerait cela la « vision ». Il lui est très difficile d'admettre que « le roi est nu », c'est-à-dire de reconnaître, concrètement, sa situation. Et pourtant dans un tel cas, la modestie, c'est admettre que la réalité, par sa complexité, n'est pas transformable globalement, même et surtout par le chef suprême. Il se trouve comme les autres confronté au problème des marges de manœuvres, aussi étroites pour lui que pour les autres. Dans la deuxième partie de ce livre, nous partirons de ce constat pour esquisser une stratégie de conduite du changement.

Face à cette situation, la réaction du dirigeant est d'attribuer aux autres sa propre crainte devant la réalité. « N'est-il pas dangereux de "leur" montrer la vraie face des choses, comment vont-ils l'accepter ? » À cette question, nous avons pris l'habitude de répondre aux responsables par une autre. « Si vous ne voulez pas leur parler de la réalité, de quoi leur parlez-vous à longueur de journée ? » D'abstractions, tirées de chiffres, de sondages, d'études d'opinion et de moral ; ou de culture, de leadership et de données prescriptives sur le comportement qui ne sont pas liées à des situations réelles.

Et pourtant... Toutes les observations montrent que la capacité des membres d'une organisation à accepter de parler du concret, pourvu que cela soit fait de façon non culpabilisatrice, est bien supérieure à celle de leur chef. Sans doute n'ont-ils pas en tête les mêmes schémas abstraits sur ce qui devrait être et qui en fait n'est pas. C'est ce que nous appelons « le paradoxe du dirigeant »[1] : moins il est à même de contrôler la réalité, et plus il pense que les autres partagent ses craintes.

C'est pour la même raison, et selon les mêmes mécanismes, que la décision a toujours la priorité sur le problème[2]. Décider n'est déjà pas

---

1. Cet effet du « roi nu », du cumul de la peur devant la réalité et de la difficulté à la saisir, a été très bien mis en évidence par Chris Argyris. Il écrit: « Ainsi à partir du moment où la recherche d'une amélioration continue amena à s'intéresser à la propre performance des professionnels, quelque chose commença à ne plus marcher... Que s'est-il passé ? Les professionnels ont commencé à se sentir gênés. Ils se sentaient menacés par la perspective d'un examen critique de leur propre rôle dans l'organisation. Ainsi, parce qu'ils se considéraient bien payés (et pensaient généralement que leurs employés étaient dévoués et honnêtes) l'idée que leurs performances n'étaient peut-être pas les meilleures, leur donnait un sentiment de culpabilité. » In : Chris Argyris : « Teaching smart people how to learn. Every company faces a learning dilemma: the smartest people find it the hardest to learn », *Harvard Business Review*, May-June 1991, p. 99-109. Traduit par l'auteur.
2. Ici on ne peut que renvoyer à Michel Crozier qui le premier a explicité cette dérive. Voir Michel Crozier : *La Crise de l'intelligence*, *op. cit.*

simple ; globalement, dans les organisations, les hommes ont mis beaucoup plus d'ingéniosité à inventer des moyens de ne pas décider qu'à le faire vraiment, lorsqu'ils sont au pied du mur, ils favorisent les solutions connues, identifiées, même si elles n'ont rien à voir avec le problème. Petite anecdote : en 1997, nous avons participé à une longue séance de travail avec le comité exécutif d'un des plus grands groupes français. Le PDG avait convoqué tout le monde pour annoncer la nouvelle : la décision venait d'être prise de décentraliser le groupe, et ce, partout dans le monde. Impressionnant. S'en suivit une discussion sur les modalités de la décentralisation, chacun y allant de son modèle et de sa solution. À la question sacrilège : « Pourquoi voulez-vous décentraliser ? », l'assistance répondit par un silence réprobateur, et le PDG, agacé, laissa tomber « Parce que nous sommes trop centralisés ». Malgré l'atmosphère pesante, une série de questions précises sur les faits, les comportements quotidiens, permit de comprendre que plus personne, dans cette organisation ne contrôlait les unités décentralisées. Par conséquent, le vrai problème était celui d'une autonomie beaucoup trop forte, sans contrepartie des unités locales, autonomie que la décentralisation ne pourrait qu'augmenter. Le contrôle – au sens anglo-saxon – de cette autonomie eut sans doute consisté à la fois à centraliser et à décentraliser, selon les niveaux auxquels on se trouvait. Il eut fallu pour cela mener une analyse sérieuse de la réalité qui aurait mis en évidence les mécanismes concrets de cette autonomie et leurs résultats. L'intervention du consultant qui venait de se voir confier la responsabilité de la mise en œuvre de la décentralisation arrêta là la discussion.

La peur du social

Nous voulons présenter ici une idée qui va à contre courant de la pensée dominante – unique ? – dans le champ du management : il y a d'autant plus de réticence à s'intéresser à la réalité qu'elle est difficile à saisir, et demande souvent un investissement particulier[1]. Ce n'est en effet pas le moindre des paradoxes du concret que d'être difficilement perceptible

1. Pour toute la discussion sur le formel, et l'informel, l'hypothèse selon laquelle chacune de ces deux discussions représenterait une logique, voire une « régulation » et ne serait donc pas contradictoires, on peut renvoyer à : Jean-Daniel Reynaud : *Les Règles du jeu : l'action collective et la régulation sociale*, Paris, Armand Colin, 1989, p. 103-107.

à l'œil nu[1]. Cela conduit à la fois à confondre le symptôme et le problème, et à se focaliser sur des comportements individuels visibles et supposés amendables par le libre arbitre de ceux qui sont concernés. L'organisation réelle – le système – reste cachée. Or, on l'aura compris, le problème n'est pas le symptôme, c'est le problème lui-même[2]. Un exemple va nous permettre de l'illustrer.

Une grande compagnie ferroviaire européenne a connu, lors d'un hiver particulièrement rigoureux, de graves problèmes de trafic. Les trains ont été immobilisés de longues heures en rase campagne, des passagers ont été bloqués dans des gares froides et inhospitalières, sans que les employés de la compagnie leur donnent la moindre information. Au pire, ces employés avaient disparu, soit qu'ils aient rejoint les conducteurs dans les locomotives, soit qu'ils aient quitté les gares, au motif que leur service était terminé. La presse s'est emparé du cas et en a fait un problème national, amenant le Président de la compagnie à intervenir à la télévision pour expliquer que les salariés concernés avaient fait de leur mieux, ce qui alimenta d'autant les tensions entre la compagnie et ses clients. Cependant, à la suite de ces incidents, l'entreprise décida d'ouvrir un chantier sur les « attitudes de service » de ses employés en contact avec la clientèle.

En assimilant ses difficultés à une question « d'attitudes », la direction désigne sans ambiguïté les coupables – les agents au contact du client –, les autonomise par rapport au reste de l'organisation, et finalement simplifie outrageusement le problème. Il suffirait que ces employés « changent d'attitude », comme on peut le demander à un enfant irrespectueux. C'est une simple affaire de volonté, ici de bonne volonté ! On voit ce que cette formulation a de réducteur, simplificateur et culpabilisateur.

À y regarder de plus près, on est frappé par quelques faits qui permettent de donner à la question sa vraie dimension, et donc de travailler beaucoup plus concrètement sur la qualité du service rendu au client. Tout d'abord les personnels qui sont en contact avec la clientèle sont à la fois nombreux et variés. Il y a des vendeurs, des contrôleurs, des agents d'accueil, qui ont des origines différentes, des conditions de travail diverses (roulants ou sédentaires), et des liens à l'entreprise qui

1. Voir dans la deuxième partie le chapitre consacré au « cadre de référence ».
2. Pour reprendre une expression de Michel Crozier.

ne passent pas par les mêmes canaux (tantôt la hiérarchie, tantôt les organisations professionnelles). Ces populations sont perçues comme de véritables citadelles par la direction qui n'ose esquisser le moindre geste à leur égard, remettant toujours à plus tard un vrai dialogue, entretenant ainsi le cercle vicieux de l'immobilisme. C'est ce que nous avons appelé la « peur du social ». L'organisation dans son ensemble est cloisonnée et fortement hiérarchisée. Résultat : une politisation, chacun défendant son territoire. Par ailleurs, la hiérarchie elle-même produit des « effets édredon », ce qui condamne les quelques tentatives de changement à un enlisement plus ou moins rapide, en dépit de la bonne volonté des uns et des autres.

Les modes de fonctionnement – autrement dit, l'organisation réelle – sont bâtis autour du couple contraintes techniques/sécurité, qui apparaissent incontournables et indiscutables. Le client est maintenu à l'extérieur, et « l'orientation client », nous l'avons dit, est affaire de bonne volonté des agents, mais n'implique jamais d'imaginer d'autres façons de travailler, centrées autour de la logique de ce client, pour lui procurer la qualité telle qu'il la conçoit. Cela supposerait d'appréhender deux dimensions complexes : d'une part l'employé en contact avec le client est en « bout de chaîne » par rapport au reste de l'entreprise. Son comportement ne peut donc être saisi de façon isolée, ni amendé sans que l'ensemble lui-même évolue ; d'autre part, pris dans cette chaîne, l'employé joue dans son face à face avec le client tout autre chose qu'un problème de politesse ou de « communication ». Pour le comprendre, comparons deux situations.

Dans la situation A, celle des trains de la compagnie immobilisés par les intempéries, la protestation du client ne porte pas sur la difficulté technique à maintenir le trafic. Ce que le passager dénonce, c'est le manque d'information, le refus du contact, l'absence de dialogue. À cela, l'entreprise répond : « nous avons fait ce que nous pouvions » – techniquement personne n'en doute – et « nous avons dit ce que nous savions », c'est-à-dire pas grand-chose, ce qui est probable compte tenu de l'effet de chaîne souligné plus haut. On le voit bien ici, « l'attitude » ne se définit pas par rapport à l'attente du client – « dites-moi ce que vous savez, dites-moi que vous ne savez pas, mais au moins partagez avec moi votre savoir ou votre ignorance » - mais par rapport à ce qu'il est « logique », « raisonnable », « rationnel » de lui dire, du point de vue de l'organisation.

Dans la situation B, celle d'un avion bloqué en bout de piste sur un aéroport américain, la gestion de la « crise » est différente. Cette différence n'est bien sûr pas consubstantielle aux individus. La paralysie est la même, due aux conditions climatiques sur l'aéroport de destination, donc non directement observables par les clients. De plus, ce client est prisonnier dans l'avion : il a dû monter à bord pour être prêt à décoller dès que ce serait techniquement possible, il ne peut redescendre, l'avion s'étant éloigné de la passerelle, afin de la libérer, compte-tenu de l'importance du trafic. Mais, entre les clients et le personnel navigant technique et commercial de l'avion va s'instaurer un véritable dialogue, beaucoup plus qu'une information stéréotypée, standardisée, préconçue et ne répondant pas au souci du client. Le pilote informe de la nature du problème – les conditions climatiques dans la zone d'arrivée – donne une estimation du temps d'attente, et souligne l'aspect aléatoire de cette estimation. Tout au long de cette attente, il reprend le micro, partage ses informations avec les passagers, voire ses propres doutes. Dans le même temps, les naviguants commerciaux relèvent auprès des passagers les correspondances compromises, les gèrent avec le personnel au sol, et cherchent « en direct » des solutions. La chaîne coopère tout autrement dans son ensemble.

Le syndrome du dialogue de sourds

Sans diaboliser la première situation ni idéaliser la seconde, on est en présence de deux façons opposées de gérer la relation avec la clientèle, qui correspondent à deux organisations différentes et non pas à deux types d'individus aux caractéristiques opposées. Il en résulte, dans le premier cas, celui de la compagnie ferroviaire, une profonde incompréhension entre les agents et leur direction qui n'appréhende pas cette complexité. C'est le syndrome du dialogue de sourds[1] ! Pour les agents, et même s'ils ne le formulent pas directement ainsi, leurs « attitudes » sont liées à leur propre situation dans l'organisation – statutaire, hiérarchique – et à leur perception technique de ce qu'est un problème. Pour la direction, ces attitudes correspondent à un comportement indi-

1. Voir plus loin le chapitre intitulé « Ce qu'écouter veut dire. »

viduel, volontaire et maîtrisable de l'agent. Dans un tel contexte, rien ne sert d'opposer des arguments de bon sens ou de rationalité économique.

L'autre difficulté – incompréhension – porte sur les enjeux réels d'un changement de ces « attitudes » que le contenu réducteur du mot lui-même contribue à masquer. L'agent construit son comportement sur une logique endogène, c'est-à-dire sur des critères techniques ou sécuritaire, et non sur une appréhension des besoins du client lui-même. Il en tire une situation, un contenu de son travail, qui lui apportent une bonne protection vis-à-vis de la demande, voire de la pression, de son client, et beaucoup d'autonomie dans sa vie quotidienne. Par autonomie, il faut entendre à la fois ce qui rend la vie au travail plus confortable, mais aussi tous les arrangements qu'ils inventent directement, et qui constituent l'organisation : horaires réels de travail, remplacement dans les trains, « fini/parti », etc. Or, toute cette réalité, les responsables ont admis sans difficulté ne pas la connaître. Pourtant, c'est la seule qui compte : tant que la relation client/agent se noue autour de la technique au sens large, c'est l'agent qui la contrôle, impose sa vision, son rythme, ses contraintes. En même temps, on peut saisir toute la dimension systémique, donc complexe de cette stratégie : si l'agent adopte ce comportement, c'est que, situé « en bout de chaîne », seul acteur transversal (avec le client) dans une organisation totalement verticalisée, il subit dans son face à face avec les voyageurs toutes les conséquences des décisions segmentées qui sont prises. Toutes ces décisions prises une à une sont justifiées et ne souffrent aucune critique. Simplement aucune d'entre elles n'est prise en essayant d'en anticiper les effets secondaires, systémiques. Et l'effet concret, réel, d'un tel processus de décision est aussi désespérant pour le client que pour le membre de l'organisation qui lui fait face. S'attaquer aux « attitudes de service », c'est remettre en cause cette réalité du fonctionnement de l'entreprise. C'est pourquoi, faute de le bien connaître, une direction hésitera sur les conséquences de ce qu'elle va déclencher.

Organisation, concret ne se définissent pas clairement, au sens de l'immédiatement visible, appréhendable, classable, parce que la réalité elle-même n'est pas immédiatement perceptible et doit être acceptée comme telle. Être concret signifie parfois être flou, et tout ce qui cherche à réduire ce flou dans des modèles, des organigrammes, des a priori, ou tout ce qui cherche à le ramener à l'individu, que ce soit le coupable ou le leader, est réducteur. On peut observer qu'en termes de management, ces approches réductrices ne sont pas graves, tant que le marché est porteur : l'abondance des ressources rend sans grandes conséquences l'abstraction et l'absence de prise sur la réalité. L'ampleur des moyens absorbe les dérives de coût et de qualité. C'est sans doute pourquoi les bureaucraties sont avant tout des systèmes distributeurs. Mais dès que la tendance se renverse de façon durable, alors il devient de plus en plus difficile de se mouvoir dans le monde virtuel, simplement parce que la possibilité d'en externaliser le coût se raréfie. Le tiers payant se dérobe, et le principe de réalité s'impose. C'est la situation que les organisations doivent affronter en cette fin de XXe siècle. Regardons pourquoi.

2

LA VICTOIRE DU CLIENT

POUR comprendre ce qu'est la « victoire du client », revenons un instant sur le débat autour de la globalisation. L'idée de globalisation, ou de mondialisation, avons-nous noté, n'est aujourd'hui plus contestée. Cela ne signifie pas qu'elle soit acceptée de la même façon partout, et que ses conséquences ne soient dénoncées avec virulence. Dans de nombreux pays apparaissent deux types de réaction. Tout d'abord celles qui, partant du constat de globalisation n'en déduisent pas forcément la disparition des États-nation[1], bien au contraire : le rôle d'un État fort devrait être d'en réguler les effets et d'en protéger les citoyens. Il s'agirait alors de sortir de façon volontariste, « politique », de l'hyper-financiarisation du monde. Cette vision se place aux antipodes du fameux « Le gouvernement est le problème, la libre entreprise est la solution » américain. Mais on voit aussi une réaction très minoritaire, qui voudrait que l'on puisse, en se refermant derrière ses frontières, en se recentrant sur la culture nationale, la tradition, la morale, etc., échapper au mouvement général de l'économie mondiale.

Une telle attitude est peu réaliste. Robert Reich a clairement défini la globalisation et ses conséquences sur la nation, en adoptant une autre distinction entre la société américaine et son économie : « Nous vivons une transformation qui réorganisera la politique et l'économie du siècle qui arrive. Il n'y aura pas de produits ou de technologies nationales, pas

1. Par exemple : Kenichi Ohmae : *De l'État-nation aux États-régions*, Dunod, Paris, 1996.

d'entreprises ni d'industries nationales. Il n'y aura plus d'économies nationales, au moins comme nous en concevons aujourd'hui le concept. Tout ce qui restera enraciné à l'intérieur des frontières sont les gens qui constituent la nation [...] la question sous-jacente concerne le futur de la société américaine, comme étant distincte de l'économie américaine, et le destin de la majorité des Américains qui sont les perdants de la compétition globale. »[1] Revient ainsi l'idée de société duale, partagée entre ceux qui peuvent participer à la mondialisation, en tirer profit et s'affranchir définitivement des anciennes dépendances locales qui ont profondément marqué l'histoire[2], et ceux qui en subissent les conséquences, sans grands moyens de réagir et d'intervenir sur leur propre sort.

Cette vision gagnant/perdant n'est pas fausse, au moins dans le court terme, qui par rapport à la mondialisation, constitue *de facto* notre horizon. Mais ce qui nous intéresse c'est qu'elle se retrouve sur les lieux du travail, dans les organisations, à partir d'une des conséquences les plus immédiates et les plus brutales de la mondialisation : la victoire du client. Le constat n'est pas nouveau, pas plus d'ailleurs que l'intuition que cette victoire aura des conséquences irréversibles sur les organisations productrices de biens et services. Elle a été à l'origine de la démarche de *reengineering*, que bien des pays (dont la France) ont écarté d'un revers de la main[3], sans s'interroger davantage sur la pertinence des constats à l'origine de ce mouvement. Ils ne se sont souvent intéressés qu'à ses aspects techniques, la plupart du temps pour les réfuter. « Le pouvoir économique est passé du producteur au consommateur [...] c'est la production de masse, plus la qualité, plus le prix, plus le choix, plus le service », écrivent Hammer et Champy[4]. On ne saurait être plus clair quant à l'étendue des conséquences d'un tel mouvement.

Dans un tout autre registre, et en en tirant des conséquences d'une toute autre nature, Sami Naïr ne dit rien de bien différent : « Dans sa

---

1. Robert Reich, *L'Économie mondialisée, op. cit.*
2. Robert Castel, *op. cit.*
3. Michel Drancourt par exemple écrit: « On s'est beaucoup moqué en France de la mode du reengineering dont on n'a retenu que la "quincaillerie". On n'a pas compris qu'il s'agissait d'une révolution du management et de l'organisation des firmes, tournées non plus seulement vers le vaste marché américain, mais vers la conquête de marchés mondiaux. » Michel Drancourt, « Révolution chez les managers », *art. cit.*, p. 33.
4. Michael Hammer et James Champy, *Le Reengineering : réinventer l'entreprise pour une amélioration spectaculaire de ses performances, op. cit.*, p. 27.

forme "chimiquement pure", la légitimation de la mondialisation libérale s'articule autour d'un éloge du consommateur-roi. Puisque le marché constitue le mécanisme le plus perfectionné de distribution des richesses, et puisque la mondialisation est en train d'aider à briser toutes les barrières – géographiques, culturelles, étatiques, nationales – qui jusqu'ici l'ont bridé dans sa vocation universelle, il faut laisser cette logique se manifester jusqu'au bout. Car le résultat final sera la victoire du consommateur [...] Si celle-ci n'est pas la "fin de l'histoire", elle constitue du moins le "sens de l'histoire"[1] ». Si l'on voulait une troisième version du même constat, on la trouverait chez Rifkin : « La consommation "personnalisée" est en train de supplanter la distribution "standardisée" dans la concurrence que se livrent les entreprises pour fidéliser un à un leurs clients tout en s'efforçant de tenir aussi bas que possible les frais qu'impose l'entretien de stocks importants. »[2]

Une même vision donc, qui fait l'objet aujourd'hui dans bon nombre d'entreprises d'un « consensus mou ». Cette banalisation empêche d'en saisir les vraies conséquences dans la vie quotidienne de travail. Dans leur bataille acharnée pour résister aux changements drastiques qui s'annoncent, les bureaucrates – que nous définirons plus précisément au chapitre suivant – « avalent » l'idée de la victoire du client, et n'en ressortent qu'une vision affadie. Il faut donc explorer cette notion dans trois directions. D'abord que veut dire « le client a gagné », à la fois dans la vie de tous les jours mais aussi conceptuellement, en termes de distribution du pouvoir ? Ensuite, si le client a vraiment gagné, et qu'il y a nécessité impérieuse de l'écouter, comment les organisations réagissent-elles face à cette contrainte ? Enfin pourquoi cette victoire pose-t-elle fondamentalement un problème d'organisation ?

Du produit rare au client rare

Pour comprendre ce que signifie concrètement la victoire du client dans la vie quotidienne, partons d'un cas réel que nous avons vérifié. Soit une ville moyenne (20 000 habitants) à une cinquantaine de kilomètres de Paris. Il y a 30 ans, cette ville comptait sensiblement la même

1. Edgar Morin et Sami Naïr, *Une Politique de civilisation, op. cit.* p. 45.
2. Jeremy Rifkin , *La Fin du travail, op. cit.*, p. 150.

population. Mais à cette époque, un de ses habitants qui aurait souhaité acquérir une automobile, se serait retrouvé face à un seul vendeur – en l'occurrence un concessionnaire Renault. Contacté, ce dernier aurait exprimé son embarras devant la demande, consulté ses livres, téléphoné au siège, et émis l'hypothèse d'un possible véhicule disponible dans un délai de deux à trois mois, pourvu que l'acheteur en accepte la couleur et la motorisation. Le client, heureux de sa bonne fortune, aurait le soir célébré l'événement en famille. Ce cas n'est pas sans rappeler la « chasse aux pneus » qui a perduré bien après la fin de la Seconde Guerre mondiale.

Aujourd'hui, la même agglomération compte treize revendeurs automobiles qui se disputent le marché local à coup de publicités agressives. Notre candidat à l'achat, parti en début d'après-midi acquérir le bien, sera de retour deux à trois heures plus tard, avec son véhicule, son immatriculation, même provisoire, son assurance, son crédit obtenu en quinze minutes environ, et après avoir négocié une substantielle réduction sur le prix de base.

Voici la révolution. Nous passons d'une longue période, dans laquelle, c'était le produit qui était rare, à une période dans laquelle c'est le client qui est rare. Nous assistons à un renversement de la rareté, et cela n'est pas anodin. Lorsque le produit était rare, il était cher, c'est le constat classique des économistes. En fait, cette cherté s'est exprimée à trois niveaux. Le prix bien sûr ; la qualité, au sens premier du terme, celle du produit ; et la qualité au sens complexe, de la mise à disposition du produit pour le client. C'est cet aspect qui nous intéresse, celui de la « cherté organisationnelle », car il nous amène à ce premier constat, que nous saisirons dans toute son ampleur au chapitre suivant. Cette « cherté organisationnelle », c'est le prix que le producteur, en situation de pouvoir, fait payer à son client, et qui lui permet, à lui producteur, d'avoir des modes de fonctionnement construits sur sa propre logique, ses propres contraintes, techniques ou humaines. Quand le client gagne, que la rareté s'inverse, s'inverse aussi le pouvoir, et pas seulement le pouvoir économique comme le disent Hammer et Champy, le pouvoir tout court, ou global, ce qui revient au même.

À ce stade, le constat est certes vrai, mais pas assez précis. Victoire du client, oui ; victoire contre le producteur, sans doute, mais plus profondément contre le *process* du producteur (la façon dont il produit et offre), et ce qui lui est lié en termes de gestion des individus (horaires, garanties, statuts). Ce process se traduit pour le client par un coût non seulement financier, mais aussi de « convenance ». Quand plus loin nous aurons mis plus précisément à jour ce qu'est une bureaucratie, nous serons à même d'apprécier l'ampleur du séisme.

Les aléas de la segmentation

La notion de « victoire du client » est souvent banalisée par les organisations, au sein desquelles elle entraîne les conséquences les plus dures. Le plus souvent ces organisations y répondent par, d'une part, le développement d'une fonction nouvelle, une sorte de « direction de l'écoute », une verticalité supplémentaire en quelque sorte, et d'autre part, la sophistication des outils classiques du marketing qui permettent d'appréhender le marché. Cela autorise à travailler sur un client « virtuel », auquel on peut faire dire, à travers les chiffres, à peu près ce que l'on veut, et qui n'est guère contraignant puisque finalement il n'existe pas. L'exercice présente malgré tout ses limites. Si l'on peut lui faire dire ce que l'on veut, il est plus difficile de lui faire faire ce que l'on veut : sa satisfaction statistique ne permet pas d'anticiper sa fidélité réelle. Cette religion du chiffre, de la quantité, de la statistique, de la « segmentation », fait d'ailleurs l'objet de critiques de plus en plus violentes et venant d'horizons différents. Les uns montrent l'incapacité chronique de la connaissance quantitative à saisir la subtilité du consommateur, de sa satisfaction réelle, de ses attentes, a fortiori de ses usages, voire de l'évolution complexe de ses modes et de son niveau de vie.[1] D'autres en dénoncent avec virulence l'utilisation manipulatoire et le caractère déshumanisé.[2] Au-delà de ce critère émotionnel, Edgar

1. Louis Uchitelle, « The Rehabilitation of Moning in America », *New York Times*, 23 février 1997.
2. Viviane Forrester écrit : « On peut compter il est vrai sur d'allègres impostures, telle celle qui a supprimé des statistiques 250 000 à 300 000 chômeurs d'un seul coup, d'un seul [...] en radiant des listes ceux qui accomplissent au moins 78 heures de travail dans le mois, soit moins de deux semaines, et sans garanties. Il fallait y penser ! Se rappeler aussi à quel point il importe peu que le sort des corps et des âmes camouflés dans les statistiques ne soit pas modifié, mais seul un mode de calcul. Ce sont les chiffres qui comptent, même s'ils ne correspondent à aucun nombre véritable, à rien d'organique, à aucun résultat, même s'ils ne désignent que l'exhibition d'un trucage. » Viviane Forrester, *L'Horreur économique*, *op. cit.*, p. 12-13.

Morin voit bien que la quantité se substitue à la réalité, et assure la survie de la bureaucratie : « [...] il y a dépolitisation de la politique, qui s'autodissout dans l'administration, la technique (expertise), l'économie, la pensée quantifiante (sondages et statistiques). »[1]

Le malaise est d'autaut plus grand autour des chiffres qu'il devient évident qu'il n'y a pas de relation entre la sophistication des outils utilisés pour connaître le client, et la capacité de l'organisation à le satisfaire et à conquérir sa fidélité. On constate même aujourd'hui que la « segmentation du marché », prise au pied de la lettre, a conduit à une resegmentation des organisations, autour de catégories de clients, et ce d'une façon tout aussi rigide que lorsque cette segmentation trouvait son origine dans la succession des tâches. Considéré comme membre d'une catégorie – bien sûr trop rigide pour le saisir dans sa complexité – le client est supposé satisfait, puisque l'organisation lui consacre un segment spécialisé. Ce serait s'en tirer à bon compte, par un simple remaniement du « puzzle des structures », comme nous l'avons déjà signalé, alors que le problème est tout autre.

Comment ne pas écouter

Pour le comprendre et l'approfondir, partons d'un exemple simple.

Cette compagnie de télécommunications européenne doit, comme ses consœurs, affronter bientôt la « dérégulation ». Elle est issue d'une vieille tradition administrative de service public, et emploie des agents dont le dévouement n'est bien sûr pas en cause, mais dont les statuts sont solides, définissant avec précision leurs droits et leurs obligations, leurs modalités de carrière et de rémunération, liées à l'ancienneté, et non à l'activité générée. Rappelons que les situations de monopole ont été particulièrement propices au développement de ces avantages, dont le coût a été externalisé sur le client – l'usager – qui à l'époque n'en pouvait mais.

Pour faire face à la compétition qui s'annonce, la compagnie a fortement développé ses compétences en marketing et réalisé auprès de ses clients un nombre impressionnant d'études. De même, elle utilise des

1. Edgar Morin et Sami Naïr, *Une Politique de civilisation, op. cit.*, p. 21.

méthodes très élaborées de mesure régulière de leur satisfaction. Pourtant, à sa grande surprise, ses clients, et notamment ceux qui génèrent le plus de trafic, tout en reconnaissant la qualité de ses produits, capables de rivaliser avec ceux de ses concurrents, semblent attendre la première opportunité pour passer à la concurrence. Face à ce paradoxe de la fidélité réelle opposée à la satisfaction virtuelle, la compagnie propose toujours plus de produits, ciblés sur les catégories de clients identifiées, mais ne paraît pas en mesure d'endiguer leur volonté de fuite.

Pour comprendre, mettons en scène un de ces clients. Celui-ci est un « professionnel », repéré comme tel par la compagnie, qui, ayant répertorié des besoins particuliers pour ce segment de marché, lui a dédié des agences spécifiques. Le client a été averti par lettre de l'ouverture de « son » agence (le possessif ici vise à créer une relation d'intimité), à laquelle il téléphone aussitôt en vue d'obtenir l'installation d'une ligne supplémentaire, destinée à alimenter un fax. Il lui est répondu dans des termes qui permettent de comprendre que l'interlocuteur a suivi une sérieuse formation à « l'accueil client ». Ce dernier explique que la compagnie ne prend pas d'ordre par téléphone. Surpris par cette absence de confiance dans le support que par ailleurs on lui propose, notre client s'enquiert de la meilleure façon de passer sa commande. Par lettre, lui répond-on ; sans doute pense le client, pour générer du trafic aux anciens collègues des services postaux. Une dizaine de jours après son courrier, notre « professionnel » reçoit à son tour une lettre, personnalisée au point que lui est attribué une « correspondante » dont le nom, le prénom, le numéro de poste, figurent en en-tête. Par ailleurs, cette lettre l'informe de la pose de la ligne attendue le jour même, dans une plage de deux heures, afin d'éviter toute attente inutile. Devant s'absenter ce jour-là, précisément parce qu'il est un « professionnel », le client décroche son téléphone et demande à parler à sa nouvelle correspondante. L'interlocuteur qu'il a au bout du fil s'étonne de la requête et lui indique que « correspondant » désigne simplement la personne qui saisit sa demande dans le logiciel de gestion informatisée de la clientèle. Mis en relation avec un autre agent, il fait part de son absence que l'agent regrette, tout en notant qu'il ne pouvait la prévoir. Surpris qu'on ne l'ait pas tout bonnement appelé pour prendre rendez-vous, il s'entend affirmer que cela a été fait, en vain car il était absent (c'est un professionnel). D'où, en désespoir de cause, la lettre finale. À la suggestion de laisser un message sur le répondeur toujours branché, l'employé, insensible à la remarque que ce répondeur a été acheté dans sa propre agence, indique que la compagnie s'interdit de procéder ainsi. Enfin, à la suggestion que lui fait le « professionnel » d'appeler le soir, l'agent rétorque en notant qu'on n'en est pas encore, dans la Compagnie, à travailler la nuit.

Que se passe-t-il ? Cette organisation s'est en fait trompée de problème, ou, au moins, n'en a pas saisi l'ampleur. À la nécessité d'écouter son client, elle répond d'abord en termes de produits. Or sur ce plan, qui est d'ailleurs celui sur lequel elle interroge le plus fréquemment ses clients pour évaluer leur satisfaction, personne ne conteste son excellence. Mais nous montrerons plus loin que le produit, en tant que fonction de l'offre (ses caractéristiques techniques), fait de moins en moins la différence entre les compétiteurs. Ceux-ci mettent sur le marché des produits qui se ressemblent toujours davantage, et ce, quel que soit leur degré apparent de sophistication[1] « L'avantage différentiel » réside bien davantage dans la façon de produire et/ou d'offrir le produit, c'est-à-dire dans l'organisation, à la fois celle qui conçoit, celle qui fabrique et celle qui offre, et dans la capacité des trois à coopérer. Dans le cas de la compagnie, nul doute que les produits soient techniquement bons ; sans doute, leur prix est-il adapté. En revanche l'organisation qui les propose n'a en rien « écouté » le client. Elle est restée « figée » sur ses propres normes et procédures de saisie informatique, de gestion routinière et paperassière de la relation au public, d'horaires de travail. Soudain, le client professionnel n'existe plus. D'autant moins qu'il n'a pas été saisi dans sa complexité. Le contenu concret de son activité, avec ce qu'il suppose de présence, d'absence, d'usage familial du téléphone la journée, et d'usage professionnel le soir, n'a pas été identifié. Il est resté un client professionnel virtuel, pour lequel on n'a pas bâti d'organisation qui ait un sens (pour lui et non pour les membres de l'organisation), ni même mis en place une politique tarifaire adaptée à son véritable usage, vivant, du téléphone.

Ce qui a été mis en place est une esquive, un paravent, un leurre – les mots ne sont pas trop forts – qui ont l'apparence de l'écoute, les symboles de l'écoute, mais ne sont pas de l'écoute.[2] En assimilant celle-ci à

1. Pour s'en convaincre, on peut regarder les produits bancaires de placement, y compris les « dérivés », toujours plus immatériels, toujours plus complexes, mais toujours aussi identiques.
2. On comprend que ce qui est mis en cause ici, ce n'est ni la bonne volonté des individus, ni une quelconque tentative volontairement manipulatoire de l'organisation. C'est le mode de raisonnement utilisé qui pose problème.

une fonction – le marketing en l'occurrence – l'organisation fait l'économie de sa propre remise en question, c'est-à-dire de l'interrogation sur l'adaptation de ses propres modes de fonctionnement au client qu'elle entend servir. Rendue nécessaire, incontournable, du fait même de sa victoire, l'écoute du client pose aux bureaucraties de durs et angoissants problèmes. C'est qu'elle n'est pas réductible à une fonction supplémentaire – ça, les bureaucraties savent très bien le faire – pas plus par exemple que la qualité ne l'a été dans les années 80, malgré toutes les tentatives de fonctionnalisation dont elle a fait l'objet. Beaucoup plus que fonction, elle est mode de fonctionnement, organisation. Elle est un ensemble de comportements, d'arrangements, de coopérations, de modalités de travail, mais aussi par là même de statuts, d'avantages, de privilèges. Vouloir écouter le client, c'est porter l'interrogation sur l'ensemble de ces domaines et c'est, dans bien des cas, particulièrement douloureux.

Le cas de la restauration aux collectivités

Le cas de la Compagnie Britannique de Restauration illustre bien ce qu'écouter veut dire. Cette compagnie, leader mondial dans son secteur d'activité, gère des restaurants de collectivités (écoles, entreprises, administrations). Ses structures sont simples : le territoire national est divisé en régions, qui ont à leur tête un directeur régional, assisté d'une équipe très légère qui prend en charge la gestion des ressources humaines, l'appui marketing aux unités de base, et la définition des politiques de qualité. Chaque région est divisée en secteurs, placés sous la responsabilité de chefs de secteur, généralement jeunes, issus d'écoles de commerce, et qui eux-mêmes animent les gérants de restaurant, qui prennent en charge la production et la distribution quotidienne des repas. Le salaire des chefs de région comprend une importante part de salaire variable. Leur bonus est lié à deux critères : le profit réalisé dans leur région d'une part, et le nombre de repas servis d'autre part, pour éviter bien sûr que l'on se désintéresse des restaurants à faible marge pour se consacrer exclusivement au haut de gamme (restaurants/clubs d'entreprise par exemple). La part variable de la rémunération des chefs de secteur est calculée sur les mêmes bases, mais représente une proportion moindre de leurs gains. Enfin le gérant perçoit une rémunération fixe, qui augmente avec l'ancienneté, et l'importance du restaurant dont il a la charge. Pour terminer cette présentation rapide, notons que le directeur régional affecte les chefs de secteur dans les différents territoires, sachant que certains sont réputés meilleurs que d'autres, en termes de profitabilité ou de « risque », c'est-à-dire en fait de fidélité des clients.

En observant la vie de cette organisation au jour le jour, on constate quelques traits marquants.

Les relations entre le directeur régional et ses chefs de secteur sont empreintes de courtoisie, de convivialité, lorsqu'ils se voient, ce qui est assez rare compte tenu de l'étendue d'une région. Mais le contenu de ces relations est finalement assez pauvre. En définitive, on se parle beaucoup mais on ne se dit pas grand-chose : les discussions portent plus souvent sur les événements de la vie que sur le travail quotidien.

Les chefs de secteur eux-mêmes n'ont que peu d'occasions de se rencontrer – leurs territoires sont vastes et leurs restaurants nombreux – et lorsqu'ils le font, c'est à nouveau dans la convivialité, autour d'un repas par exemple, durant lequel à nouveau les échanges ne sont pas principalement orientés vers la vie professionnelle.

Chefs de secteur et gérants semblent soumis à une pression intense. Les premiers s'en plaignent de façon répétitive, au point que la direction générale s'en inquiète, et envisage de traiter sérieusement le problème, sans trop savoir comment faire. Les gérants en souffrent également mais en parlent moins ouvertement.

C'est qu'ils sont, dans cette organisation, les boucs émissaires. Directeur Régional et chefs de secteur s'accordent à reconnaître leur faible niveau de compétence, leur incapacité à prendre quelque distance, et déplorent de devoir se séparer régulièrement de certains d'entre eux.

Enfin les clients qui, précisons-le, sont ceux qui signent les contrats et non ceux qui mangent (eux sont les convives), expriment une très forte satisfaction. Ils considèrent que la Compagnie, et plus précisément les chefs de secteur qui sont leurs véritables interlocuteurs, s'occupent bien d'eux, écoutent leurs problèmes, et ne manquent jamais de faire leur possible pour les satisfaire. Clients et chefs de secteur se rencontrent d'ailleurs en dehors du travail, lors d'événements organisés par ces derniers. Le directeur régional qui ne s'occupe que de quelques gros clients n'y est pas associé. Enfin les clients partagent le jugement négatif sur les gérants, qu'ils considèrent comme le maillon faible de cette organisation.

Des clients satisfaits, « écoutés » : qu'y a-t-il de différent par rapport à la compagnie de télécommunication, qui explique cette relation ? Certainement pas les hommes ni leur dévouement, mais l'organisation elle-même. Essayons d'en saisir le fonctionnement : ces jeunes chefs de secteur expriment tous le même désir d'autonomie, la même envie d'organiser à leur guise leur travail, leurs « tournées ». Ils évoluent sur un large territoire, qu'ils connaissent bien, sont en relation avec des clients dont ils ont identifié les préoccupations qu'ils cherchent à satisfaire. Toute intervention du directeur régional en la matière est perçue négativement, voire comme une sanction. De toute façon, ce dernier n'a ni le temps, ni les compétences, pour superviser de près ce que font ses chefs de secteur. Il leur laisse de fait une grande liberté (autonomie) pour autant qu'il n'y a pas de problème. Qu'est-ce qu'un « problème » dans cette organisation ? C'est la perte d'un client, ce qui arrive dans cet univers extrêmement concurrentiel. Elle entraîne une chute brutale du nombre de repas servis, et affecte donc le bonus du directeur régional. Mais c'est aussi la dégradation de la rentabilité, ce qui produit le même effet. Ainsi, si l'on reconstitue le triangle directeur régional/chef de secteur/client, on peut résumer ainsi son mode opératoire : le directeur régional laisse au chef de secteur toute l'autonomie qu'il souhaite, pour autant qu'aucun des deux critères sur lesquels il est évalué et rémunéré ne se dégrade. Si tel est le cas, il intervient aussitôt ; pour l'éviter et rester libre, le chef de secteur « colle » littéralement au client, cherche à anticiper ses besoins et à les satisfaire. C'est un modèle finalement très classique d'organisation agissant sur un marché hautement concurrentiel, dans lequel la paix armée entre les itinérants (chefs de secteur) et le sédentaire (directeur régional) profite à un client qui contrôle l'élément clé : le contrat.

Ce mode de fonctionnement a bien sûr ses limites. Il n'est possible que parce qu'un des acteurs en paie le prix : le gérant doit mettre en œuvre le résultat de l'accord entre le chef de secteur et le client qui se fait toujours au point maximal de ce qui est réalisable. D'un certain point de vue, il « paie » la liberté du chef de secteur. Lorsque ce dernier se plaint de la pression qu'il subit, il ignore ou feint d'ignorer qu'il en transfère la majeure partie sur le gérant. C'est donc un système à coût humain considérable – c'est le prix de la victoire du client, nous y reviendrons – gaspillant quotidiennement beaucoup de savoir-faire, tourné vers le court terme, beaucoup plus réactif que pro-actif. Mais considérons-le avant tout comme un premier mode de réponse à l'avantage pris par le client. Une réponse qui s'exprime par la contrainte en quelque sorte. Il est peu sophistiqué, implique un univers réel de travail dur, peu confortable, mais après tout, le confort du fournisseur fait rarement partie de la demande du client.

Sortir des sentiers battus

D'autres entreprises ont trouvé des modes plus élaborés d'écoute de leurs clients, mais toutes le font à partir de leur mode de fonctionnement, et non d'une fonction. Richard Normann et Rafael Ramirez ont montré la voie choisie par Ikea qui consiste à faire entrer le client dans l'organisation pour lui faire co-produire la valeur. Ils résument ainsi ce qu'ils considèrent comme la stratégie de l'avenir : « Les compagnies ne créent pas seulement de la valeur en rendant leurs offres plus intelligentes, mais en en faisant de même avec leurs clients et leurs fournisseurs. Pour ce faire, les entreprises doivent continuellement réévaluer et redéfinir leurs compétences et leurs relations, afin de maintenir ces systèmes de création de la valeur. Ce dialogue entre la compagnie et ses clients explique le succès et la capacité à survivre de certaines entreprises, et le déclin et l'échec des autres. »[1]

De même pourrait-on présenter la réponse apportée par L'Oréal, qui est sans doute parmi les plus originales, parce que parmi les plus éloignées des modèles classiques de management. Elle constitue, pour cette entreprise performante, son principal « actif invisible ». Pour résumer, il n'y a dans cette organisation aucun monopole interne. On entend par là que dans la sphère dominante, celle du marketing et du commercial, nul n'est en situation de décider quoi que ce soit tout seul, et surtout, savoir qui doit décider de quoi n'est jamais clair. Un lancement de produit par exemple relève à la fois du directeur international du marketing, du directeur du marketing de la marque sous laquelle le produit est lancé, du directeur du marketing du pays pris comme marché test, etc. Tout se négocie, chacun doit se « confronter » pour reprendre l'expression en vigueur dans la maison. Dans cette confrontation, la place

---

1. Richard Normann et Rafael Ramirez, « From Value Chains to Value Constellation : Designing Interactive Strategy », *Harvard Business Review*, July 1993, p. 65-75. Traduit par l'auteur.

occupée dans la ligne hiérarchique a peu de poids. Sans doute est-ce pour cela qu'il n'y a pas d'organigramme et que personne n'éprouve le besoin ou ne prend le risque d'en dessiner un. Ce qui est décisif pour l'emporter – et il faut savoir l'emporter pour faire carrière – c'est la connaissance du marché que chacun amène dans la négociation. Cette connaissance implique un engagement en termes de résultat, il y a donc contrainte, mais c'est en même temps l'argument qui fait plier tout le reste. Le flou de l'organisation – aux antipodes d'une bureaucratie comme nous le verrons – ne signifie pas le désordre, comme l'appréhendent parfois les cadres américains de l'entreprise. Il signifie un système « politique » dans lequel le marché est la ressource principale des acteurs. À nouveau, mais par des voies différentes de celles de Ikea, la frontière entre l'entreprise et son marché s'estompe, au-delà des organigrammes théoriques. Cela étant, pour fonctionner ainsi, il y a quelques conditions qui méritent d'être soulignées, peut-être pour tempérer l'ardeur des candidats à l'imitation.

D'abord doit exister un système de sanctions qui relativise le rêve du « droit à l'erreur ». Dans un système qui fait fi des hiérarchies, le besoin d'éthique est manifeste. Par éthique, nous entendons quelques règles tacites – une culture, diraient certains – qui viennent limiter l'imprévisibilité du comportement des joueurs. Ici, il s'agit de rendre prohibitif le coût du mensonge sur le marché et ses possibilités, durant la négociation. La connaissance à laquelle l'acteur se réfère doit être réelle, c'est pour cela qu'elle vaut engagement. S'il en était autrement, on serait alors dans le domaine du « tous les coups sont permis », ce qui n'est pas le cas dans cette entreprise. À terme, l'absence d'éthique fragmenterait l'organisation et la conduirait à sa perte.

De même faut-il une instance d'arbitrage, généralement située au plus haut niveau. Elle garantit que la décision est bien prise, dans un temps raisonnable, en même temps qu'elle encourage les acteurs locaux à la prendre eux-mêmes : le recours à un tiers en effet, comme dans toute organisation, implique un prix à payer, ici des objectifs généralement plus contraignants que ceux que les acteurs auraient pu fixer eux-mêmes.

Pour rendre le coût humain de ce fonctionnement supportable – et il est élevé – il faut une politique de gestion des ressources humaines souple et individualisée. Elle doit permette de déplacer les individus, de les sortir d'un champ de bataille sur lequel ils se sont épuisés, de leur procurer des opportunités de récupérer, et de les récompenser à un rythme qui est entièrement lié à leurs succès sur les marchés et dans les affaires dont ils prennent la responsabilité très tôt dans leur carrière.

Enfin, dans cet ensemble, la production n'a aucune capacité à dicter ses contraintes. Non qu'elle compte peu : elle est au contraire l'objet d'investissements importants ; non que la qualité ne soit pas la même qu'ailleurs : l'entreprise n'y survivrait pas. Mais du point de vue du fonctionnement général, la production est au reste de l'entreprise ce que l'intendance était pour le Général de Gaulle : elle doit suivre.

La gestion des ressources humaines, contre-poids nécessaire à la victoire du client

Qu'avons-nous appris à travers cette première approche des conséquences de la victoire du client sur les organisations ? Avant tout, c'est l'organisation qui est sollicitée, et pas seulement certains de ses membres (le marketing ou le *front-office*). Il ne suffit pas d'envoyer au front quelques soldats particulièrement vaillants, dévoués et formés pour faire face aux exigences toujours plus grandes des clients. La vaillance et le dévouement s'épuisent vite, si l'organisation ne suit pas. Il y a alors de fortes chances que le soldat se détache de son armée, déserte, et rejoigne celle des consommateurs ! C'est un mécanisme classique, démontré depuis longtemps[1]. Lorsqu'un membre d'une organisation est en contact avec l'environnement, et que cette organisation ne lui permet pas de satisfaire cet environnement, il en devient le porte-parole, le lobbyiste au sein de son entreprise ou de son administration, qu'il critique au-delà même des reproches du client. Il souligne par là-même son exceptionnelle souplesse par rapport à un ensemble bureaucratique, sclérosé, insensible aux attentes du public. Dans cette relation, il se « vend » lui-même, contre son organisation. On a longtemps cru que ce modèle ne correspondait qu'à l'administration française. En fait, on constate aujourd'hui qu'il se répand, sous l'impact de la pression des clients sur des organisations du secteur concurrentiel qui ne comprennent pas la question qui leur est posée. Nous retrouverons plus

1. Pierre Grémion, *Le Pouvoir périphérique, bureaucrates et notables dans le système politique français*, Paris, 1976, Le Seuil.

loin cette problématique pour le transport aérien, aussi bien que pour les banques et les assurances.

En même temps, les organisations se différencient dans la gestion du problème, et leur capacité à y faire face n'est pas la même. Ce constat est au cœur de ce livre. Remarquons pour le moment que, quelle que soit la réponse apportée, elle a un coût humain qu'on peut plus ou moins amortir. Nous aurons à expliquer la nature profonde de ce coût, mais sa présence indique que les univers qui se reconstruisent autour du client, qui cherchent à en satisfaire les attentes, sont *de facto* moins confortables que ceux qui s'en soucient peu, ou autrement qu'à travers un changement de leurs modes de fonctionnement. Cette proposition n'est pas neutre. Elle introduit la discussion sur la résistance au changement, comme problème non pas psychologique – ce serait une tendance naturelle, « culturelle », des individus de résister au changement – mais pratique et concret à travers un calcul coût-avantage. Le « moins » dans lequel nous sommes engagés se traduit par un « moins » en termes d'avantages, de confort, de possibilité de vivre dans des univers à moindre pression.

D'où l'importance de la gestion des ressources humaines comme facteur clé d'adaptation des organisations à la victoire du client, et ce pour deux raisons.

D'abord parce que les univers devenant plus durs, si l'entreprise ne veut pas se contenter de « presser le citron » puis le jeter, elle doit gérer les carrières en conséquence. Faute de quoi le coût humain devient considérable. Même si le cynisme - dont on sait qu'il peut être corrosif pour les organisations – permet de l'accepter, il génère à terme une vision purement utilitariste des relations entre l'organisation et ses membres. Or, nombreux sont ceux aujourd'hui qui attirent l'attention sur les dangers d'une telle relation. Lorsque Robert H. Waterman conseille « *put your people first* », cela n'a rien de contradictoire avec la satisfaction du client, c'en est une des conditions[1]. En contrepoint, il nous revient en mémoire les propos d'un directeur des Ressources Humaines, qui, lors d'une réunion avec l'ensemble des directeurs de division de son entreprise, compara le travail de ces derniers à une compétition sportive entre athlètes de haut niveau, toujours sous tension,

1. Robert H. Waterman, Jr., *What America does right, op. cit.,* voir par exemple le chapitre 5 « People first at Federal Express », p 87-110.

et qui doivent par définition être encore meilleurs en compétition qu'à l'entraînement. Un participant à la réunion lui demanda alors combien de temps on peut rester athlète de haut niveau, et ce que l'on était censé devenir ensuite dans cette entreprise.

La deuxième raison de l'importance de la fonction RH concerne le rôle joué par les critères de gestion des individus – modes d'évaluation, de promotion, de rémunération, etc. Ils deviennent, comme dans le cas de la Compagnie Britannique de Restauration, des axes clé de modification des comportements. On est toujours surpris de constater que nombreuses sont encore les entreprises qui n'ont pas fait le lien entre, d'une part, leur politique en la matière, et, d'autre part, leur capacité à générer des affaires et à servir leurs clients. Il ne faudrait pas se méprendre : nous ne réhabilitons pas ici le vieux constat taylorien de la motivation financière, et exclusivement financière, des individus au travail. Il y a sans doute autre chose à leur offrir qui permette de rendre acceptables les nouvelles contraintes. La même Compagnie de Restauration nous a montré que l'autonomie des acteurs, lorsqu'elle est correctement régulée par l'organisation – ici par la profitabilité et le nombre de repas servis – peut être un levier puissant pour orienter le fonctionnement de l'entreprise vers le client.

On objectera que c'est précisément cette recherche d'autonomie sans frein qui rend les bureaucraties publiques incapables d'apprentissage. C'est un fait, mais elles se caractérisent par une distance maximum entre les modalités de carrière, de rémunération, etc., et le résultat de l'action. L'autonomie y reste donc sans contrepartie, elle n'est pas un des termes de l'échange positif au sein de la trilogie chef, agent au contact du client, et client[1]. Enfin, s'esquisse le problème du flou, que nous n'avons pas opposé à la clarté, à laquelle nous ne trouvons aucune vertu spéciale, mais au monopole. D'où notre hésitation à suivre les tenants du *reengineering* dans leur passion pour les processus, hésitation qu'ils traduisent eux-mêmes. Hammer et Champy écrivent en effet : « Le quatrième mot clé de notre définition – du reengineering – est processus. Il en est aussi le mot le plus important, et c'est celui qui pose le plus de problèmes aux dirigeants d'entreprises… Un processus opérationnel est une suite d'activités qui, à partir d'une ou plusieurs entrées

1. Voir notre analyse *in* : François Dupuy, « The Bureaucrat, the citizen and the sociologist », in *French Politics and Society*, Harvard University Press, volume 8.

(*inputs*), produit un résultat (*output*) représentant une valeur pour le client »[1]. Et ils corrigent deux cents pages plus loin, en énumérant les erreurs qui guettent une démarche de reengineering : « [une des erreurs] est de s'intéresser uniquement aux processus, de ne pas prendre en compte les nouveaux systèmes d'évaluation, la redéfinition des pouvoirs hiérarchiques, la transformation de relations avec le personnel »[2]. En fait, derrière les processus, même avec cette nuance, on trouve la coopération entre les acteurs, qui échappe à une définition claire, qui représente un équilibre instable, politique au sein de l'organisation. Elle ne peut ni se décréter, ni se codifier dans un ensemble de règles et de procédures qui seraient le livret du « bon usage de la coopération entre les membres de la collectivité ».

Elle suppose à l'inverse qu'une fois créé un contexte favorable (par les modes de gestion du personnel, par l'échange autour de l'autonomie par exemple), l'organisation accepte de ne pas approfondir sa propre définition, ni même sa compréhension de ses propres mécanismes. On entrevoit d'ailleurs pourquoi les organisations floues dont nous parlons n'acceptent que très rarement que leur « culture » soit explicitée. Elles craignent une réification de ce qui doit rester implicite, et elles ont raison.

1. Michael Hammer et James Champy, *Le Reengineering : réinventer l'entreprise pour une amélioration spectaculaire de ses performances*, *op. cit.*, p. 45.
2. *Ibid.*, p. 227.

3

QU'EST-CE QU'UNE BUREAUCRATIE ?

S'INTÉRESSER aux bureaucraties et aux bureaucrates n'est pas s'intéresser au passé, mais à l'avenir. L'hypothèse centrale de ce livre est que la fin des bureaucraties, telles que nous allons les définir, constitue pour l'avenir l'enjeu majeur de la transformation des organisations et des sociétés. Personne ne s'y trompe. Pas un ouvrage de management ou de réflexion sur les grandes tendances du monde contemporain qui ne s'y intéresse, et ce quel que soit son angle d'attaque : « Ce que nous voyons et dont nous souffrons aujourd'hui dans le paysage des organisations, ce sont d'encombrantes bureaucraties qui plus souvent que jamais trahissent la mauvaise gestion du sens. »[1] À quoi Waterman ajoute une définition plus précise : « Le problème est le suivant : la bureaucratie, notre forme historique d'organisation, a été créée pour gérer les problèmes quotidiens des organisations : le département des ventes vend, la fabrication fabrique et ainsi de suite. Aussi longtemps que l'activité économique ne change pas très vite, les bureaucraties se débrouillent bien. Mais les choses changent vite. »[2] Alors pourquoi ce mode de fonctionnement segmenté et cloisonné a-t-il pris le dessus sur les autres formes d'organisation ? Robert Reich nous l'explique à partir du cas américain : « Les entreprises bureaucratiques américaines ont été organisées sur le modèle des bureaucraties militaires, pour la mise en œuvre efficace de plans prévus à l'avance. Ce n'est peut-être pas par

1. Warren Bennis and Burt Nanus : *Leaders : Strategies for taking charge*, 2nd edition, Harper Collins Publishers, 1997, p. 40. Traduit par l'auteur.
2. Robert Waterman, Jr. : *What America does right*, *op. cit.*, p. 283.

hasard que les anciens combattants, qui ont peuplé les principales entreprises américaines des années 50, ont tout naturellement reproduit en leur sein leur modèle de référence. Elles ont été établies dans les mêmes termes que les hiérarchies de l'armée, avec des chaînes de commandement, des moyens de contrôle, des classifications d'emploi, des divisions et des chefs de division, et des procédures pour encadrer toute décision. S'il y a un doute, regardez le livre. »[1] Rifkin ajoute, à partir d'une présentation de la thèse de Reich : « Le système managérial d'organisation des entreprises est un géant rustre, un producteur puissant capable de créer d'importants volumes de marchandises normalisées, mais privé de la souplesse qui lui permettrait de se modifier prestement pour s'adapter aux rapides fluctuations du marché intérieur ou mondial. »[2]

Histoire d'une évolution

On sent, à travers ces citations se profiler une idée forte : la forme d'organisation bureaucratique a correspondu à un moment de l'histoire, qui se caractérise par la rareté des produits, qu'il s'agisse de biens ou de services. En ce sens, la bureaucratie est intimement liée à la production de masse, et, sans aucun doute, à une vision de la démocratie. Elle correspond au passage à un nouvel âge de l'humanité, qui s'exprime aussi bien sur le plan économique, par la mise à disposition du plus grand nombre des biens et des services auxquels les consommateurs peuvent légitimement aspirer, que sur le plan politique par l'instauration de l'État de droit qui suppose règles et procédures et leur application. C'est pourquoi aussi bien pour Max Weber[3] que pour Henry Mintzberg[4], le mot « bureaucratie » exprime un ordre collectif, une domination légitime fondée sur un ensemble de règles et de procédures, une organisation professionnelle et de process. Dans cette perspective, une bureaucratie pourrait se définir comme une organisation ayant en charge de produire des règles générales et impersonnelles et de les appliquer.

---

1. Robert B. Reich : *L'Économie mondialisée*, *op. cit.* Traduit par l'auteur.
2. Jeremy Rifkin : *La Fin du travail*, *op. cit.*, p. 137.
3. Max Weber : *Le Savant et le politique*, Éditions 10-18, Paris, 1979.
4. Henry Mintzberg : *Structure et dynamique des organisations*, *op. cit.*

Ce mode d'action doit par ailleurs s'appliquer autant aux assujettis de la bureaucratie qu'à ses propres membres. Il s'oppose au mode « organique », celui de l'artisanat, tel que l'ont défini Burns et Stalker[1]. On le retrouve également dans l'œuvre d'Henri Fayol.[2] Vertueuse envers ses assujettis, la bureaucratie le serait aussi vis-à-vis de ses membres, assurant l'égalité de tous devant la loi. Elle est, *de facto*, garante de l'État de droit, qu'il s'agisse pourrait-on dire de l'État politique (celui du citoyen) ou de l'État économique (celui du client).

Pourtant, au fil du temps, un doute s'est instauré sur ses vertus. Même si certains ont souligné la formidable capacité d'adaptation de ces organisations au jour le jour (en particulier en trahissant leur mission « weberienne » d'application des règles et des procédures[3]), il est apparu de plus en plus clairement que le mode de fonctionnement bureaucratique répondait plus à des préoccupations internes de protection de ses membres qu'à la mise en œuvre d'une forme de gouvernement au service du bonheur collectif. Ou du moins est-ce ainsi que les bureaucrates ont évolué ! Michel Crozier le premier, et à notre avis de façon définitive, a souligné les traits caractéristiques de l'organisation bureaucratique[4] moderne, telle qu'il a pu l'observer dans les années 60 : la centralisation, la stratification, et le mode de gestion du personnel, en en mettant en évidence l'aspect systémique, par opposition à une vision individualisée du « bureaucrate ». Il a décrit la centralisation d'une façon qui aujourd'hui fait encore sursauter les dirigeants des grands groupes internationaux, tant elle est proche de ce qu'ils constatent mais n'osent s'avouer. Elle résulte d'une relation déséquilibrée. D'un côté un centre supposé décider de tout, mais en fait empêtré dans un marécage de petites décisions à prendre sans disposer de l'information nécessaire pour le faire. De l'autre, une périphérie d'autant plus libre et incontrôlée qu'elle doit appliquer les règles inapplicables que le centre sous-informé a édictées. Contrairement à Michel Crozier, nous ne pensons pas que *Le Phénomène bureaucratique* doit son succès aux États-Unis au fait qu'il rendait compréhensible cette étrange chose

1. T. Burns et G.M. Stalker: *The Management of Innovation*, London, Tavistock, 1961.
2. Henri Fayol : *Administration industrielle et générale*, Paris, Dunod et Pinot, 1917.
3. François Dupuy et Jean-Claude Thoenig : *Sociologie de l'administration française,* collection U, Armand Colin, Paris, 1983.
4. Michel Crozier : *Le Phénomène bureaucratique, op. cit.,* mais aussi : Michel Crozier, Erhard Friedberg, Pierre et Catherine Grémion, Jean-Claude Thoenig, Jean-Pierre Worms : *Où va l'administration française ?*, Paris, Éditions d'Organisation, 1974.

qu'est la bureaucratie française. Il rendait simplement compréhensible ces entreprises américaines dont Robert Reich décrit le fonctionnement[1]. Cet ouvrage explique de façon décisive « la peur du face à face », que nous réinterpréterons en termes de non-coopération, et souligne le décalage entre le résultat de l'activité des agents et les modalités de gestion du personnel.

Taylor ou la pensée unique de l'organisation

Dans notre perspective, il faut cependant faire un pas de plus, et mettre en évidence une analyse de la bureaucratie moins endogène, susceptible d'en révéler les effets sur l'environnement, c'est-à-dire sur ceux que nous désignons du terme générique de « clients ». Pour ce faire, il faut repartir de l'idée d'une victoire du client sur le producteur, son process et ses contraintes de personnel. C'est dans cette optique qu'une bureaucratie peut se définir comme « une organisation qui traduit spontanément et systématiquement (c'est-à-dire sans s'interroger sur la possibilité de faire autrement) ses contraintes techniques (les tâches) ou humaines (le personnel), ou les deux, dans ses modes de fonctionnement ». Une telle définition vaut autant pour l'industrie que pour les services, pour les entreprises que pour les administrations. Elle souligne que le trait le plus fondamental d'une bureaucratie est d'avoir des critères d'organisation endogènes et de les considérer comme universels, incontournables et indiscutables, y compris bien sûr par ses clients, auxquels ils peuvent éventuellement être expliqués dans un souci pédagogique. Cette définition va nous permettre de repartir de Taylor[2] et de remonter jusqu'à la victoire du client.

C'est en effet Taylor qui a dessiné l'organisation autour des tâches techniques, et en a souligné le caractère universel[3]. Jeremy Rifkin

1. Michel Crozier et Erhard Friedberg : « Organizations and collective action : our contribution to organizational analysis », *Research in the sociology of organizations*, volume XIII - 1994, volume editors, Samuel P. Bacharach, Pasquale Gagliardi, and Bryan Mundell, Greenwich, CT, JAI Press.
2. Frederick W. Taylor : *La Direction scientifique des entreprises*, Paris, Dunod, 1957. Un certain nombre de textes de Taylor ont été rassemblés et publiés par l'Institut Renault de la Qualité. Sur le lien entre Weber, Taylor et la démocratie, voir : Jean-Pierre Rouze : « Frederick W. Taylor, inventeur de la démocratie moderne ? », in *Gérer et Comprendre*, mars 1993, n °30, p. 97-105.
3. On en trouvera une présentation simple et précise dans : Erhard Friedberg « L'analyse sociologique des organisations », POUR, les dossiers pédagogiques du formateur, L'Harmattan, 1988.

résume ainsi le principe taylorien : « À l'aide d'un chronomètre, Taylor réduisit les différentes tâches des travailleurs à leurs plus petites composantes opérationnelles repérables, puis les mesura pour obtenir le temps de travail minimal nécessaire pour une tâche donnée sous des conditions opératoires optimales. Ses recherches permirent de calibrer la performance des travailleurs à la fraction de seconde près. En calculant les durées moyennes et les durées optimales de toutes les composantes des tâches ouvrières, Taylor put formuler des recommandations concernant les aspects les plus ténus de l'exécution des tâches, de façon à économiser de précieuses secondes, voire fractions de seconde. »[1] Tous les mots sont importants dans cette lecture de la logique des temps et des mouvements. Mais on remarquera sans peine que le plus récurrent est celui de « tâche », comme unité de base du management scientifique.

Il faut s'arrêter sur ce point et faire preuve de simplicité : le problème n'est pas de savoir si l'organisation autour de la tâche est possible ou même souhaitable, c'est simplement évident. Elle a représenté un progrès considérable qui a depuis longtemps été souligné. Elle a permis la mise en place de la production de masse, la chute du prix des biens produits, et en a ainsi ouvert l'accès au plus grand nombre. Elle a de même permis « l'administration de masse », condition de la démocratie weberienne ; elle a même inspiré les fondateurs des démarches de qualité totale comme Taïchi Ono. Mais en déduire qu'elle représente la seule organisation possible constituerait une grave erreur. C'est ce que démontre la victoire du client. Le raisonnement taylorien, aujourd'hui comme hier, introduit la même confusion. Il passe d'un épisode conjoncturel – l'organisation autour de la tâche est le meilleur moyen d'assurer la production de masse, en phase de rareté du produit – à une proposition universelle : elle est la seule possible (l'approche en termes de *one best way*).

Or ce mode de raisonnement, basé sur la primauté de la contrainte technique, mais aussi sur l'unicité de la solution organisationnelle qui y est liée, est encore aujourd'hui largement dominant, sans doute parce que nous n'apprenons que très peu de modes de pensée alternatifs. Dès lors, nous n'avons aucun recul par rapport à nos propres contraintes techniques, et nous demandons aux autres d'en accepter les consé-

1. Jeremy Rifkin, *La Fin du travail*, *op. cit.*, p. 81.

quences, car elles ne dépendent pas de nous, ce qui serait partisan, mais de la science qui, elle, se situe au-dessus des intérêts particuliers. Fonder la primauté du producteur sur cette science permet de construire des organisations si indiscutables que leur remise en question ne peut être que révolutionnaire. Mais qu'est-ce qui peut conduire à une telle révolution, ou, en d'autres termes, en quoi et à qui un tel raisonnement pose-t-il problème ?

Le professeur, sa carte et la bureaucratie

Tant que le client n'a pas le choix, qu'il n'a pas gagné, il accepte de se plier à l'ensemble des contraintes bureaucratiques. « Ensemble », car le fil qui est apparu à partir de la tâche a été tiré et la bobine bureaucratique s'est dévidée : de la tâche on est passé aux procédures, des procédures à la segmentation géographique, de celle-ci aux horaires, de ceux-là aux statuts, et ainsi, étape après étape, s'est enflée la grenouille. Le client qui accepte, c'est celui qui va au lycée qu'on lui affecte, aussi bien que celui qui se rend chez son fournisseur, non pas lorsqu'il en a besoin, mais lorsque celui-ci est ouvert. C'est le client qui suit un processus complexe de règles et de procédures, incluant des déplacements géographiques, parce que cela n'a pas été pensé par rapport à lui, mais pour tenir compte des contraintes des bureaucrates. Le mot symbole de l'univers kafkaïen des bureaucraties pourrait être celui de « dossier » : j'ai votre dossier, mais où est votre dossier ? ai-je un bon dossier , votre dossier n'est pas complet, votre dossier ne m'a pas été transmis, etc.

Veut-on un premier exemple simple ? Lorsqu'un professeur visitant arrive dans une université d'État américaine, deux « outils » lui sont immédiatement nécessaires pour vivre en paix : une carte de crédit, et une carte d'identité de l'université qui lui permet d'avoir accès à tous les services. Matériellement, les deux cartes sont parfaitement identiques : elles ont le même format, une bande de lecture, la photo de leur titulaire imprimée au recto ainsi que sa signature, et un numéro d'identification qui comporte à peu près le même nombre de chiffres. Comment les obtient-on ? Dans le cas de la carte de crédit, la visite à la banque demande dix minutes, durant lesquelles différents comptes sont ouverts. L'employé offre la carte de crédit, propose la photo imprimée, prend elle-même cette photo dans un petit salon de la banque prévu à cet effet, et délivre la carte. La même personne a effectué l'ensemble des tâches autour du client, dans un temps non segmenté pour ce dernier. Nous parlerons plus loin de *seamless service*. La question de l'amabilité de l'employé ne se pose pas ; mais au-delà de cette évidence, c'est l'organisation elle-même qui est bâtie autour du consommateur. Pour ce faire, le contenu même du métier d'employé de banque a été redéfini et élargi : il faut être photographe, imprimeur et bien sûr capable d'ouvrir un compte !

Dans le cas de l'université, la question de l'amabilité, du dévouement, du désir d'aider ne se pose pas non plus. Celle de l'organisation, si. Après une visite à l'immeuble des affaires internationales, il faut se rendre à celui des assurances santé, où se délivrent les papiers qui permettent de revenir vers le premier interlocuteur. Puis le candidat à la carte d'identité doit se rendre dans son propre département qui lui demande quelques jours pour fournir les documents nécessaires, qui doivent être visés par le doyen et le responsable de sa discipline. Une fois l'ensemble des papiers conforme aux procédures, le voyage s'achève dans un dernier immeuble, où la photo sera prise par un spécialiste, affecté à ce travail, lequel demandera au nouvel affilié de repasser pour récupérer le sésame.

La première organisation est construite autour du client, la seconde autour des tâches et de leur segmentation. La première propose l'unicité de lieu, la deuxième offre le voyage vers les spécialistes. Dès lors qu'il a le choix, on conçoit que le client fasse pression sur l'ensemble de ses fournisseurs, publics ou privés, pour qu'ils se réorganisent autour de lui, de sa « logique », qui n'est, par définition, pas la même que celle de la bureaucratie. Cela remettra en cause, au sein de cette dernière, non seulement « l'organisation » dans laquelle il faut inclure le contenu des métiers, mais aussi la façon de raisonner. Pour dévoiler toute l'ampleur de la révolution, nous allons examiner trois secteurs d'activité, qui ont été ou sont soumis à ce bouleversement : le transport aérien, l'automobile et la médecine hospitalière. Nous essaierons de donner à cette analyse une dimension comparative, afin de souligner la portée universelle du problème.

Le cas du transport aérien

Le cas du transport aérien est intéressant à deux titres. D'un point de vue macro-sociologique, il s'agit d'un secteur dont la dérégulation, relativement rapide, s'est achevée au début de l'année 1997 en Europe. Elle y a provoqué une véritable révolution. Celle-ci s'est traduite par la disparition pure et simple d'acteurs importants (Pan Am par exemple), par des drames économiques et sociaux (Air France et ses 8 milliards de perte en 1993, mais aussi les difficultés financières d'Iberia), par des luttes farouches des personnels pour éviter ce qu'ils considéraient comme une dégradation générale de leurs conditions de travail et d'emploi. Il a fallu, au début de 1997, une intervention du Président des États-Unis pour éviter une grève des pilotes de la compagnie American Airlines, présentée par tous comme catastrophique pour l'économie américaine. En même temps, concentrations et alliances redessinent le paysage mondial du transport aérien : chacun, dans cet univers, lutte farouchement pour sa survie.

D'un point de vue micro-sociologique, dans cette activité le poids de la contrainte technique a toujours été primordial, compte-tenu de sa nature même, bien sûr, mais aussi pour des raisons évidentes de sécurité. Rien n'est jamais laissé au hasard, ni au sol, lors des différents types d'entretien, codifiés avec une extrême précision quant à leur rythme ou leur contenu, ni en vol, au travers des consignes de sécurité particulièrement précises. Une grande compagnie survivrait difficilement à une catastrophe dans laquelle sa responsabilité directe serait engagée. Résultat : aujourd'hui, la sécurité n'est pas un argument de vente ; elle est considérée comme acquise.

L'impact de cette donnée sur l'organisation a été considérable. Prenons le cas du rôle des PNC (Personnels Navigants Commerciaux) : traditionnellement il privilégiait la sécurité par rapport au service – même si les deux ne s'opposent pas – et cette priorité, comme dans le cas de la compagnie ferroviaire évoqué au chapitre précédent, a structuré la relation à la clientèle. Elle a placé l'agent dans une situation de domination forte, parfois proche de celle du médecin, dont le symbole serait la ceinture de sécurité : obligation de rester assis et attaché, sans aucune prise sur le bien fondé de l'injonction.

En même temps, elle s'est traduite dans le statut de l'agent lui-même par un certain nombre d'avantages (en termes de temps de repos, de rotation, voire de salaire), destinés à compenser la pénibilité du travail (décalages horaires, impact de l'altitude sur la santé), et la pression subie (pas de faute d'inattention). S'est ainsi construit un monde, parfois mythique, dont pendant très longtemps personne n'a pensé à contester les modes de fonctionnement, et qui s'est traduit pour le client par un « parcours » semblable à celui du professeur en quête d'une carte d'identité universitaire américaine : achat du billet, enregistrement, attente en salle, installation à bord, débarquement, transfert éventuel vers le terminal, récupération des bagages. L'ensemble de ces tâches n'était généralement pas effectué par des agents appartenant aux mêmes départements au sein même de leur compagnie, voire dépendait d'organisations différentes.

Venons maintenant troubler ce bel ordonnancement, en posant la question naïve – comme nous l'avons fait lorsque nous avons commencé à travailler dans ce secteur : « Comment vous organisez-vous pour gérer vos passagers (vos clients) ? ». La distinction qui vient immédiatement à l'esprit de votre interlocuteur, est celle entre le personnel au sol et le personnel de vol. Elle ne choque personne, même pas le lecteur de ce livre. Et en effet, si vous demandez qu'elle vous soit justifiée, il vous sera aimablement expliqué – du moins en première instance – que les avions étant parfois au sol et parfois en vol, il est normal et peu contestable qu'il y ait du personnel au sol et du personnel de vol. Si vous persistez dans votre étonnement, vous provoquerez une irritation non feinte, car elle est la marque de la difficulté du bureaucrate à entrevoir un mode de fonctionnement différent de celui construit sur la contrainte technique. Et si vous insistez vraiment, alors on vous demandera si vous contestez que les avions soient parfois au sol et parfois en vol. Que répondrez-vous ? Que c'est évident et non contestable. En revanche vous contesterez le saut qui a été fait, et qui a paru normal à tout le monde, entre la contrainte technique – les avions sont parfois au sol et parfois en vol – et le mode d'organisation : donc nous avons du personnel au sol et du personnel de vol. Ce saut de la contrainte technique au mode de fonctionnement, nous l'avons défini comme étant au cœur de la bureaucratie. C'est lui que le client remet en cause aujourd'hui, non pour des raisons théoriques ou idéologiques, mais simplement parce que s'il le peut, il essaiera de se soustraire à la segmentation qui lui est imposée et qui comporte de son point de vue un coût de « convenance ».

Lorsqu'on s'intéresse au client réel et non pas au client statistique, deux constats s'imposent. Quel client se rend dans une agence et demande à y acheter un peu de sol, puis un vol, et encore un peu de sol pour récupérer ses bagages ? On nous pardonnera la puérilité de l'observation. Elle permet de souligner que la segmentation technique n'est pas celle du client, qui lui, achète un voyage, concept qui intègre les différentes activités techniques. Mieux encore : les moments d'inquiétude ou d'angoisse du client se situent précisément aux points de rupture entre le sol et le vol, soit à l'embarquement, soit à la récupération des bagages. Solution pour la bureaucratie, la segmentation des tâches devient problème pour le client : inconfort du transport vers l'aérogare, lenteur dans la récupération des bagages et crainte de leur perte, angoisse de la correspondance manquée, etc. Et qui, dans la bureaucratie classique du transport aérien, interroge le PNC sur « ce qui va suivre » l'entendra répondre au mieux « notre personnel au sol est là pour vous guider », au pire « ça ne dépend pas de nous ».

Si l'on voulait pousser plus avant l'examen, on se souviendrait de quelques embarquements sur la compagnie intérieure française, pendant lesquels les passagers munis de cartes portant la lettre qui indiquait leur ordre d'embarquement, subissaient une telle angoisse – celle du bon siège à trouver dans un avion inconfortable appartenant à une compagnie qui n'attribue pas les sièges – qu'ils en adoptaient des comportements régressifs. Ils se guettaient les uns les autres, cachaient la lettre qui figure sur leur propre carte, bousculaient leur voisin, bref vivaient un mini-cauchemar. On comprendra alors qu'ils se vengent ensuite de la compagnie qui ne les a pas davantage écoutés, lorsque la concurrence s'installe.

Est-il possible de penser autrement ? En cette fin de siècle, tout le monde s'accorde à reconnaître la performance économique remarquable de British Airways. Il est vrai que la compagnie britannique a commencé sa révolution bien avant ses consœurs européennes. Cette révolution n'a pas simplement consisté à réduire les coûts physiques. Pour que ceci ne se traduise pas par une détérioration de la qualité, qui aurait produit un effet final exactement contraire à celui recherché, elle a entièrement remodelé ses modes de fonctionnement autour d'un concept. Il s'agit ici d'une appréhension et d'une compréhension globales des demandes diverses et contradictoires des clients. C'est précisément l'inverse de la segmentation bureaucratique autour des tâches : le *seamless travelling* (voyage sans couture) se propose d'effacer autant que faire se peut les effets de rupture précédemment observés. Pour cela, il a fallu tout d'abord comprendre ce que vivait le client et ne pas s'arrêter aux aspects contradictoires ou « insatiables » de ses attentes (plus de confort, plus de place, de meilleurs repas, « toujours plus » etc.). Ces contradictions sont d'autant plus fortes qu'on se contente de les appréhender au premier degré, à travers des questionnaires eux-mêmes segmentés sur la logique du processus que le client devra suivre. Il s'est donc agi d'accepter de sortir de la stricte logique du contrôle de gestion.

Il a fallu dans un second temps traduire ce concept non pas dans des messages publicitaires, ce qui est simple, ni même dans les comportements individuels de ceux qui sont au contact des clients, ce qui l'est aussi, mais dans l'ensemble des modes de fonctionnement de la compagnie, ce qui est un tout autre problème. Prenons quelques exemples qui, pour ne pas être spécifiques à la compagnie en question, n'en permettent pas moins de comprendre le lien entre l'écoute du client et le mode de fonctionnement.

Jusqu'à une période récente, les vestiges de la réglementation du transport aérien en Europe ne permettaient pas à une compagnie de proposer une liaison entre deux pays tiers (c'est toujours le cas aux États-Unis). Concrètement, British Airways ne pouvait pas offrir à d'éventuels clients français une liaison Paris-Hong Kong. La captation du client potentiel supposait non seulement des conditions attrayantes (le surclassement sur un des deux trajets en cas d'aller-retour), mais encore de lui faire effectuer les parcours Londres-Paris et Paris-Londres à coût nul. Cela signifiait renoncer à un gain sur un centre de profit (l'Europe) pour en réaliser un plus important sur un autre (l'Asie). Une telle démarche n'a rien d'évident dans un univers segmenté dans lequel chacun lutte pour l'amélioration de ses propres résultats, sans vision de l'ensemble ni capacité ou intérêt à coopérer avec les autres.

Toujours dans le même cas, l'acceptation par le client français de faire le détour par Londres, implique une correspondance la plus rapide possible, qui minimise le coût du détour en termes de temps. Mais en cas de correspondance rapide, sur une destination longue, le passager est tenu d'enregistrer ses bagages à l'aéroport de départ. Son anxiété va se porter sur la capacité de la compagnie à gérer le transfert de ses bagages dans le second avion dans un laps de temps qui peut et doit être réduit à 30 minutes. La gestion de cette angoisse ne peut se faire à travers la simple assurance, lors de l'enregistrement de départ, que le bagage suivra. Elle doit se matérialiser, dans l'aéroport de correspondance, par la preuve que le bagage a suivi, avant que le client ne monte dans l'avion. Le processus est extrêmement délicat à gérer, car il suppose à la fois une priorisation dans la mise en soute à l'aéroport de départ, une capacité du personnel au sol de l'aéroport de transfert à transporter rapidement les bagages par la piste, un système d'information qui rende possible l'affichage sur l'écran de l'employé affecté au « passage » (la montée dans l'avion) des numéros de valises au fur et à mesure de leur embarquement et donc leur identification personnalisée.

Le *seamless travelling* (voyage sans couture), c'est un processus de ce type, qui s'appuie à la fois sur la coopération entre les hommes, sur des façons de travailler à partir de la logique du client (mise des bagages en soute en fonction de la rapidité des correspondances et non de critères techniques ou bureaucratiques), et sur un système d'information homogène et performant qui rende vivant et perceptible par le client le fonctionnement intégré des services et des agents qui par ailleurs ne se voient pas physiquement.

À titre de comparaison, mentionnons le contre-exemple d'une compagnie européenne continentale. À la question posée par un passager sur la localisation de ses bagages, l'agent du passage suggéra au client de regarder par la fenêtre les opérations de mise en soute pour s'assurer que sa valise était bien dans le lot. Chargé de faire monter les passagers à bord, cet employé ne se sentait en rien concerné par une activité ne relevant pas de sa compétence, et avec laquelle, de toutes façons, il n'avait aucun lien.

Il convient ici de souligner que la coordination de ces activités, qui est la solution « molle » généralement trouvée par les bureaucraties pour que chacun puisse rester dans son univers de référence, ne suffit pas à pallier le problème. L'intermédiaire, hiérarchique ou non, qui y serait préposé n'aurait pas les moyens d'intégrer ni de répartir toutes les informations en provenance de sources aussi diverses. C'est de coopération dont le client a besoin, c'est-à-dire de la possibilité pour chacun de venir sur le territoire de l'autre, afin d'anticiper sur ce qui va suivre, en continuant ce qui a été effectué et en évitant toute rupture dans l'action présente. On entrevoit ici en quoi l'idée de coopération, qui se situe au centre de la préoccupation « client », est peu compatible avec la fascination pour les structures claires, précises et bien définies.

Le secteur automobile

L'étude de l'évolution du secteur automobile va nous permettre d'approfondir notre analyse dans deux directions : celle de la remontée du client dans tous les « étages » des bureaucraties – y compris ceux qui en sont en apparence les plus éloignés – et celle du coût du développement ou de la production du bien (ou du service). Cet aspect est souvent perçu comme une limite à la capacité de satisfaire le client, alors même qu'il fait partie intégrante de sa demande, et relève de la révolution organisationnelle.

Il y a encore quelques années, lorsque nous avions dans nos séminaires de jeunes cadres de l'automobile, que ce soit en Europe ou aux États-Unis, nous leur demandions en début de session de nous expliquer comment leur entreprise s'organisait pour produire, développer et vendre les véhicules. Traditionnellement, leur réponse débutait par « Oh ! C'est simple ». Cette affirmation n'est pas anodine. Le « c'est simple » venu naturellement à la bouche de ces ingénieurs, signifie qu'il n'y a en fait pas d'autre façon de procéder, que l'organisation est prédéterminée, bien entendu par la succession des tâches à accomplir. Et leur description confirmait amplement cette « simplicité ». Il faut d'abord concevoir le véhicule, d'où la création d'un bureau d'étude ; il faut ensuite l'industrialiser, ce qui justifie l'existence des méthodes, qu'elles soient centrales ou décentralisées ; puis vient la fabrication qui donne son nom au département suivant, et enfin le réseau qui prend en charge commercialisation et entretien des véhicules.

Cette description à grands traits ne tient pas compte d'autres services (le « produit », le marketing, les ressources humaines), elle décrit simplement les grands pans de l'organisation, qui pendant longtemps sont apparus, dans la simplicité de leur succession, incontestables, incontournables, logiques. Le bureau d'études, c'est le produit ; les méthodes, c'est le process. Comment serait-il possible de concevoir le process d'un produit qu'on ne connaît pas ? La distinction produit/process est parfois aussi intangible que celle entre le sol et le vol. Elle s'est longtemps traduite, chez ce grand constructeur français, par une séparation physique, les deux entités opérant dans des lieux éloignés, au prestige bien différencié. Elle a même donné lieu à la création d'un vocabulaire exprimant la pauvreté des relations entre les deux unités : les hommes en charge de transmettre les dossiers (sic !) de l'une à l'autre étaient appelés des « facteurs », lesquels sont par vocation en charge de transmettre le courrier, mais en aucun cas à même d'en connaître, donc d'en expliquer le contenu.

Bien entendu, ce cloisonnement entre départements se reproduit en leur sein. Si un véhicule comporte un moteur et une carrosserie, il y a lieu de subdiviser ainsi les méthodes. Et dans la mesure où la carrosserie est en tôle, et que cette tôle s'emboutit puis s'assemble, il est nécessaire d'avoir un service « méthodes emboutissage tôlerie » et un service « méthodes assemblage tôlerie ». Si vous attribuez à chacun d'eux un numéro, un code en quelque sorte, qui n'a de sens que pour les fins connaisseurs internes, vous obtenez un ensemble segmenté que l'on peut qualifier de « bureaucratico-obscur », dans lequel, nous le verrons, les tâches de coordination sont à ce point insurmontables, que seul le fournisseur extérieur est à même de les effectuer, en en faisant payer le prix. À partir de quoi chacun peut commencer à anticiper que bureaucratie, clarté apparente, segmentation, etc. sont largement productrices des surcoûts que le client commence à refuser de payer, dès lors qu'il a le choix.

L'enfer c'est les autres

Prenons quelque recul, et centrons notre analyse sur deux points.

1. Nous voici en présence d'une bureaucratie technique classique, telle que nous l'avons définie dans les pages précédentes. Or il ne sert à rien de se cacher que nous aimons ces bureaucraties, pour autant que nous n'avons pas à faire à elles, mais que nous y vivons. Il y a à cela de multiples raisons. Tout d'abord cette organisation est claire, et nous aimons la clarté et la sécurité.[1] Derrière la notion de clarté, il y a celle de protection : si mon territoire est clairement défini, personne ne peut empiéter dessus, il m'appartient, j'en ai le monopole. Je fais ce que je suis supposé faire, et le résultat d'ensemble n'est pas mon problème, dans la mesure où précisément, le principe fondateur de cette organisation est que si chacun à sa place fait correctement ce qu'il a à faire, le résultat ne peut être que positif. Mais surtout, l'acteur est protégé contre ce qui lui est le moins naturel, le plus difficile, le plus coûteux humainement parlant : coopérer avec les autres.

   Pour exprimer cette idée, les sociologues ont trouvé au fil du temps des images ou des expressions variées : ils ont parlé de structure en nids d'abeille, de « peur du face à face »[2]. Peu importe, le constat est toujours le même, déjà énoncé par Jean-Paul Sartre dans une géniale intuition : « L'enfer, c'est les autres ! » Au sens sartrien du terme, la coopération amène l'acteur en enfer, l'oblige à se confronter à une autre logique, le conduit au conflit, à l'acceptation de la divergence d'intérêt, au compromis, alors que la rhétorique de son milieu quotidien (l'entreprise) valorise la « vision partagée », le consensus, la

---

1. Voir chapitre 1.
2. Voir Michel Crozier : *Le Phénomène bureaucratique*, *op. cit.*

communauté des buts et des moyens. Ce paradoxe est angoissant. C'est bien pourquoi les bureaucraties sont, du point de vue de leurs membres, une remarquable réponse à cette question universelle : « comment vivre ensemble en réduisant au minimum la nécessité de coopérer ? ». D'où le fait que le process, la procédure, la règle, la succession des tâches, mais aussi les innombrables réunions de coordination si consommatrices de temps, mais dans lesquelles les bureaucrates excellent, se substituent à la difficile coopération.[1]

On a déjà vu par ailleurs que l'abondance des moyens est elle aussi un moyen d'échapper à la coopération. Si le soir venu, de retour à la maison, les deux époux veulent regarder un programme télévisé différent, ils ont deux façons de gérer le problème : par la non-coopération, auquel cas il leur faudra deux appareils (l'abondance des moyens les dispensera de la négociation, donc du conflit) ; ou bien par la coopération mais bien entendu cela sera plus « coûteux » humainement. Il en résulte tout naturellement, et souvent à la surprise générale, qu'une organisation bâtie autour du client, c'est-à-dire dans laquelle on coopère, est moins consommatrice de moyens qu'une organisation bâtie sur la segmentation technique, qui permet à ses membres de ne pas coopérer. Non seulement le client nous invite au moindre coût, mais il nous en donne les moyens ! On comprend déjà pourquoi notre troisième exemple portera sur la médecine hospitalière, et le contrôle de ses dépenses.

2. Mais ça n'est pas tout, y compris en ce qui concerne ce problème du coût. Si la segmentation des tâches, accompagnée de procédures énonçant clairement ce que chacun doit faire est censée donner au client ce qu'il est en droit d'attendre[2], dans la réalité il en va tout autrement. Moins les acteurs coopèrent, plus ils développent leur propre logique, toujours totalement justifiée puisqu'ils se placent du point de vue technique, et plus il faudra à un moment ou à un autre effectuer des ajustements.

---

1. Lorsqu'ils dénoncent la « réunionite », les membres des bureaucraties ne savent sans doute pas à quel point ils touchent à quelque chose de particulièrement sensible pour leur organisation. Cette succession incessante et inflationniste de réunions, les unes préparant les autres, traduit la contradiction entre la nécessité toujours plus pressante de travailler ensemble – de coopérer – et l'impossibilité de le faire dans les bureaucraties classiques.
2. Avec des nuances cependant. Rappelons la célèbre phrase d'Henry Ford : « chacun peut choisir la couleur de sa voiture, pourvu qu'il la désire noire ».

C'est ce que l'on appelle dans l'automobile les « modifications ». Celles-ci se multiplient d'autant plus que le processus est segmenté et peu intégré ; elles ont parfois atteint des proportions absolument considérables. Elles traversent l'organisation de part en part, jusqu'au moment où elles atteignent le client, soit directement – dans ce cas elles changent de nom et deviennent des défauts –, soit indirectement et se traduisent alors par une hausse du coût et/ou un accroissement du délai. Qualité, coût, délai (le QCD), voilà le « concept » de l'industrie automobile, comme le *seamless travelling* était celui de British Airways. Tant que le consommateur n'a pas le choix, il accepte la détérioration de ce triptyque (QCD), mais dès qu'il le peut, il réclame son dû, c'est-à-dire une meilleure qualité, à un moindre coût.

Qu'est-ce que cela implique ? Qu'est-ce qu'une modification, non pas au sens technique, mais dans une vision sociologique ? Elle est le prix que l'organisation demande à son client de payer, pour éviter à ses membres de coopérer. Elle est la régulation de ce système, c'est-à-dire l'élément clé autour duquel les acteurs ajustent leurs stratégies d'autonomie et d'évitement, et dont ils externalisent le coût sur le client, tant que c'est possible. Nous ne parlons pas là, on l'aura compris, des acteurs qui sont en contact direct avec le consommateur final. Il s'agit de tous ceux qui contribuent à la création de la valeur pour le consommateur, dans les termes présentés (le QCD), et ce où qu'ils soient situés dans l'organisation, y compris très en amont, au bureau d'études par exemple.

Dans un tel cas, écouter le client signifie la fin de la bureaucratie, en tant que mode de fonctionnement caractérisé par la primauté de la logique technique sur celle de coopération. Dire ou écrire que « le client doit et va remonter très haut dans l'organisation » n'est pas abstrait. Il ne s'agit pas de convaincre les personnels que le client est important, exercice rhétorique et sans grande portée pratique. Il faut en tirer les conséquences concrètes pour chacun, c'est-à-dire en termes de modes de travail. L'industrie automobile a progressivement opéré sa mutation par la mise en place de fonctionnements transversaux, appelés « projets »[1]. Ils ont consisté à donner à un chef de projet la responsabilité d'intégrer l'action de tous les acteurs impliqués dans la conception

---

1. Voir à ce sujet : Christopher Midler, *La Voiture qui n'existait pas*, InterÉditions, Paris, 1993.

ou la réalisation d'un véhicule, d'une partie de celui-ci ou d'un organe. Détachés des « métiers » dans les « projets », les ingénieurs, cadres et techniciens, étaient supposés coopérer autour du but commun. Cette première percée vers la complexité contre la simplicité coûteuse de la succession des tâches techniques, s'est cependant heurtée à une difficulté. Le postulat initial était que la coopération résulterait tout naturellement de la bonne volonté de chacun, de l'intérêt de travailler dans un projet, et/ou de la capacité du chef de projet à obtenir par son charisme, ou sa force de conviction, l'adhésion de tous.

Cette vision quelque peu naïve n'a pas résisté à l'épreuve des faits. La coopération, comme tout autre comportement humain, ne se décrète pas. Elle se crée. Nous essaierons, dans la deuxième partie de cet ouvrage de présenter quelques pistes pour la rendre possible. Contentons-nous pour le moment d'indiquer qu'il a été nécessaire de doter petit à petit les chefs de projets de véritables moyens d'action, en particulier en termes de contrôle de l'allocation des ressources budgétaires, et de modes d'évaluation des acteurs affectés dans les projets, pour obtenir leur coopération.

Parallèlement, comme nous ne cessons de le suggérer, l'organisation est devenue plus complexe, plus floue disent aujourd'hui ses membres : les projets « véhicules » ou « organes » s'entrecroisent et se confrontent aux « métiers », gardiens de l'expertise technique. Elle est en même temps devenue plus conflictuelle, moins confortable, mais du même coup beaucoup plus vivante et « négociatrice ». Cette conflictualité a été longue et difficile à accepter, en France surtout, où la confrontation ouverte des intérêts divergents est considérée comme incompatible avec la défense collective de l'intérêt général[1]. Ailleurs au contraire, cette confrontation est perçue comme une condition du succès, et de sa pérennité : « les meilleures entreprises obtiennent de bons résultats parce qu'elles travaillent durement à construire de la cohérence entre des intérêts largement différents et souvent conflictuels. C'est comme un bon mariage : un couple connaît un bonheur durable parce qu'il a travaillé à le bâtir : un travail d'amont certes, mais un travail quand même. »[2] Aujourd'hui, cette acceptation du conflit n'est plus un pro-

1. Voir Thierry Weil : « Provoquer les conflits : une pratique de bon management ? », à propos de deux articles de Kathleen M. Eisenhardt, Jeannie L. Eisenhardt et L. J. Bourgeois III, *Le Journal de l'École de Paris*, n°1, janvier 1997.
2. Robert H. Waterman, Jr. : *What America does right*, *op. cit.*, p. 16.

blème de principe. Elle représente une conséquence de l'entrée du client au sein des bureaucraties qui l'avaient traditionnellement marginalisé.

Intégration et réduction des coûts

De même sont apparus des problèmes nouveaux dont la prise en compte par les modes de gestion bureaucratiques traditionnels s'est révélée de plus en plus inadaptée. Il en va ainsi tout particulièrement de la gestion des hommes – la gestion des ressources humaines – véritable pivot de la transformation des bureaucraties[1]. Il a fallu revoir à la fois les modalités d'allocation des ressources entre les différents projets et les métiers, les modes d'évaluation, facteurs clé de la coopération répétons-le, et la gestion des carrières. Les organisations ont dû apprendre à gérer ces problèmes cruciaux de façon plus ouverte, plus « opportuniste » et moins planifiée. Les hommes quant à eux ont dû accepter plus d'aléas, d'imprévus, de mobilité, par rapport à des parcours jusque là relativement bien balisés.

In fine, et sans que rien ne permette de penser qu'il s'agit de la fin du parcours, il a fallu penser l'impensable – à nouveau – et en arriver à fusionner ce qui jusque là relevait de mondes différents et cloisonnés. Chez Renault, par exemple, sur des plateaux prévus à cet effet, études et méthodes conçoivent le produit et le process de façon simultanée et non plus successive. Ceci n'est que la face la plus visible et la plus significative de la révolution profonde qui affecte les modes de fonctionnement de l'entreprise. Bien sûr, la question qui se pose est celle du résultat pour le client. Deux éléments de réponse peuvent être fournis. Tout d'abord les chiffres précis des constructeurs montrent sans ambiguïté que le nombre des modifications décroît très sensiblement au fur et à mesure que l'organisation se transversalise. Or nous l'avons dit, les « modifs », celles qui sont liées à un déficit de coopération, sont génératrices d'une détérioration du QCD.

D'autre part, et de façon peut-être plus convaincante encore, l'intégration entre les différentes logiques permet à l'entreprise une bien

1. C'est aussi ce que dit Rozabeth Moss Kanter dans : *L'Entreprise en éveil*, Paris, InterÉditions, 1992.

meilleure maîtrise de ses fournisseurs. Dans l'univers segmenté traditionnel, dans lequel personne ne communique avec personne, le fournisseur est le seul qui finalement a une vue d'ensemble. C'est lui qui joue le rôle d'intégrateur, en lieu et place de la coopération au sein de l'organisation. Mais il affecte à ce rôle un coût, qui est la manipulation de l'information, le jeu sur les modifications. Il peut ainsi obtenir en fin de parcours une facturation bien éloignée de celle prévue dans le cahier des charges ou dans le contrat, sans que la responsabilité de la dérive puisse lui être attribuée. Les nouveaux modes de travail, qui impliquent d'ailleurs une intégration très en amont des fournisseurs, permettent aujourd'hui de les contrôler, et restaurent, pourrait-on dire sans exagérer, la liberté de l'entreprise. Encore une fois, on entrevoit à travers cet exemple le surcoût de la « fausse clarté ». À vouloir tout prévoir, planifier, bien « délimiter », on confine chacun dans une verticalité en lui évitant de se soucier des autres. L'intégration, d'autres la font, mais rien n'est gratuit. De ce point de vue, la réduction des coûts dans les organisations est davantage un problème de fonctionnement qu'une question « d'économies » au sens brutal du terme. Dire soudainement « nous faisons moins 20 % sur tout », c'est avouer son incapacité à mettre en œuvre une vraie politique de maîtrise organisationnelle des coûts. C'est une forme de « débrouillez-vous » qui n'est possible que grâce à la pression qui pèse sur les individus et qui se substitue à une action pensée et conduite.

L'hôpital : moins de dépenses, plus de coopération

Terminer ce chapitre sur les bureaucraties par la médecine peut paraître surprenant. Que peut avoir de commun ce métier hautement spécialisé, fait de dévouements, consacré à la survie des hommes, avec la routine paperassière des organisations techniques qui poursuivent leur propre logique sans se soucier du client ? Le lien est pourtant évident : le débat fait rage, dans la plupart des pays sur le contrôle des dépenses de santé[1] et en même temps peu nombreux sont ceux qui en perçoivent

1. Voir par exemple Patrick Hassenteufel : *Les Médecins face à l'État : une comparaison européenne*, Paris, Presses de Sciences Po, 1997. Cité par Philippe Arnaud, in « Le pouvoir contesté des médecins », *Le Monde*, 25 février 1997.

la dimension organisationnelle[1]. Et en effet, au regard de cette analyse, l'hôpital – qui génère la part la plus importante des dépenses en question – apparaît comme la forme la plus achevée de l'organisation technique. Pour des raisons de spécialisation, que le « client » est d'autant plus disposé à accepter que c'est sa santé qui est en jeu, l'hôpital ne connaît pas le malade. Il ne connaît que les maladies, les parties du corps en quelque sorte, dont il a fait, tout naturellement son principe de fonctionnement. Edgar Morin et Sami Naïr écrivent : « La high tech médecine, tout en accomplissant d'admirables réussites (greffes du foie, des reins, du cœur, réparation des blessures de guerre ou d'accident, refoulement de nombreuses maladies infectieuses), souffre et fait souffrir d'hyperspécialisation les patients dont on considère les organes séparément de leur organisme, et leur organisme séparément de leur être global, à la fois biologique, psychique et social. »[2]

Cette hyperspécialisation ne pose pas qu'un problème humain, celui du malade « décortiqué » comme une automobile en cours de fabrication ou de réparation. Elle pose un problème de coût pour les mêmes raisons que celles évoquées depuis le début de ce chapitre. La logique technique, ici poussée à l'extrême, permet aux médecins spécialistes d'éviter la coopération, en mobilisant d'ailleurs le malade pour les aider dans cet évitement. Le caractère anxiogène de la relation au médecin amène le patient à accepter et même approuver la répétition des examens ou des traitements. Dès que le débat public met en cause le montant des dépenses, et cherche à gérer leur contrôle à partir d'une vision et d'une approche exclusivement financières – on va obliger les médecins à réduire les actes et les prescriptions – les praticiens crient au loup et à la prochaine détérioration de la santé publique. Les malades actuels ou potentiels leur emboîtent vite le pas. En fin de compte, tout le monde se dispute d'autant plus sur les solutions que personne n'a compris le problème. Peu nombreux sont ceux qui font le lien entre les soins qu'ils reçoivent, et les déficits d'un organisme aussi abstrait que la Sécurité Sociale.[3]

Or la santé ne pose pas fondamentalement une question différente de celles que nous avons rencontrées. Coût et qualité ne s'y opposent

1. C'est le cas de Robert H. Waterman. Voir *What America does right*, *op. cit.*, p. 80-86.
2. Edgar Morin, Sami Naïr : *Une Politique de civilisation*, *op. cit.*, p. 128.
3. Sur ce sujet on peut renvoyer à Thomas Schelling : *La Tyrannie des petites décisions*, Paris, Presses Universitaires de France, 1974.

pas. Tant qu'on les opposera, on ira en effet vers une détérioration des prestations dans un jeu à somme non nulle dans lequel tout le monde perdra : la collectivité qui ne réussira que partiellement à maîtriser la dépense, les patients qui recevront des soins de moindre qualité, et les médecins qui verront leur niveau de vie diminuer. Ces derniers, comme tous ceux que nous avons rencontrés jusque là, vont devoir apprendre à travailler autrement, de façon moins segmentée, moins confortable donc, sans doute moins valorisante pour leur spécialité. Parallèlement, leur relation aux malades va devoir se transformer aussi radicalement qu'évolue la relation au client dans n'importe quelle bureaucratie, et c'est sans doute là l'enjeu majeur. Il porte à nouveau sur le contenu du métier dans ce qu'il a de plus quotidien. Les plus dubitatifs devraient se souvenir de l'époque, petit à petit révolue, où le médecin, par son retard systématique, signifiait au patient sa situation de dépendance. Reconstruire l'hôpital autour du malade n'est pas une utopie. C'est non seulement possible mais souhaitable, pour obtenir des soins de meilleure qualité à un moindre coût. On ne comprendrait d'ailleurs pas très bien pourquoi cette activité ne réussirait pas à entrer dans cette problématique, pour contraignante qu'elle soit pour les producteurs, ici les médecins.[1]

Certains pays s'y sont déjà engagés soit directement pour des raisons budgétaires, comme les États-Unis, soit parce qu'étant en phase de reconstruction, comme le Liban, ils pouvaient repenser le fonctionnement de leurs structures médicales.

Il est vrai qu'il s'agit à nouveau d'une vraie révolution. Car dans des pays comme la France ou la Belgique, à la bureaucratie médicale, s'est ajoutée la bureaucratie de la gestion administrative de la médecine. À Paris, par exemple, faire accoucher une femme d'un grand prématuré

1. Dans une partie qu'il appelle « un new deal de civilisation », Edgar Morin écrit : « les formidables progrès de la santé, notamment dans la réduction de la mortalité infantile, comportent eux aussi leur envers. L'hyperspécialisation médicale, le traitement des organes et non plus des organismes, des organismes et non plus des personnes, la dégradation du rôle du médecin généraliste, la bureaucratisation des services hospitaliers, le développement des maladies istrogènes, causées par les effets pervers des médicaments ou par la propagation des infections en milieu hospitalier, tout cela contribue de façon considérable aux dépenses de santé. Or une véritable réforme de la médecine qui soit en même temps une réforme des structures de pensée dans le monde biomédical (évitant erreurs et gaspillages) contribuerait elle aussi à la diminution des dépenses de santé. » Edgar Morin et Sami Naïr, *Une Politique de civilisation*, *op. cit.*, p. 15.

dans le lieu même où l'on s'occupera de l'enfant est impossible. Accouchement et prématurité sont deux « exercices » différents, et il n'y a pas, à l'Institut de Puériculture de Paris, de lit de maternité. Cette segmentation, construite sur une logique de « rationalisation » de la carte hospitalière, mais en respectant soigneusement les spécialités, accroît à la fois les coûts et les risques.

Plus généralement d'ailleurs, il convient de remettre en question le raisonnement des dirigeants politiques et administratifs lorsqu'ils s'attaquent à la réduction de la dépense publique. Nous avons déjà examiné ce mode de raisonnement réducteur à travers le cas de la politique des transports terrestres. L'approche exclusivement financière utilisée privilégie le gain de productivité physique « brut », c'est-à-dire la seule réduction des coûts directement identifiables, et amène inéluctablement une réduction de la qualité des services fournis, voire leur suppression. L'opposition artificielle ainsi entretenue entre coût et qualité, due à la totale méconnaissance de la dimension organisationnelle des problèmes, conduit à une vision désespérante de la réduction de la dépense publique, et à un accroissement artificiel des conflits autour de sa gestion.

La pauvreté du débat d'une part, mais surtout la violence des réactions qu'il suscite en France, en Belgique ou en Italie, marquent à quel point les citoyens ont une conscience, même diffuse, de la fausse alternative dans laquelle on les enferme. En définitive, plus sages que leurs gouvernants, ils ne comprennent pas pourquoi les activités publiques seraient les seules qui ne pourraient pas offrir mieux et à moindre coût. De ce point de vue, ils ont engagé avec ces gouvernants la même lutte que le client avec les producteurs. Ce qu'ils demandent, c'est la réforme de l'État, de ses modes de fonctionnements. Les dirigeants, eux, ne l'ont simplement pas mise à l'ordre du jour. D'une façon générale, ils ne comprennent pas ce qu'une telle réforme impliquerait en termes d'organisation des services publics ou para-publics. Ils se contentent donc des traditionnelles approches budgétaires qui ne résolvent rien et mécontentent tout le monde, et passent tristement à côté d'une remarquable opportunité de donner du sens à une action en profondeur sur le fonctionnement de l'État et des ses agences. Dommage, tout le monde le paiera plus tard.

4

REQUIEM POUR LA BUREAUCRATIE

Nous aimons les bureaucraties. Celles dans lesquelles nous travaillons, bien sûr, pas celles auxquelles nous nous confrontons, et qui nous imposent leurs contraintes. Nous sommes à la fois le client et le bureaucrate, celui qui fait pression et celui qui résiste, celui qui exige le changement et celui qui défend ses avantages. La contradiction n'est qu'apparente et certains auteurs l'ont déjà analysée[1]. On voudrait simplement souligner ici que la capacité de chacun à jouer les deux rôles tient en grande partie à la difficulté même qu'il y a à repérer, à « débusquer » pourrait-on dire, la bureaucratie, dès lors que l'on a donné à celle-ci une définition en termes de logique dominante présidant à la mise en place de ses modes de fonctionnement, et des statuts des personnels qui y sont généralement associés. Tant que cette définition reste relativement abstraite et générale – la capacité à produire des règles générales et impersonnelles et à les appliquer, par exemple – tant qu'elle se contente de souligner les aspects quotidiens et triviaux de la bureaucratie comme Balzac soulignait ceux des bureaucrates[2] – paperasserie, longueur des procédures, pauvreté des relations – l'idée de la bureaucratie s'assimile aisément à celle d'une grande organisation, au modèle militaire[3], ou à l'administration publique. Dès lors, la bureaucratie c'est

1. Thomas Schelling : *La Tyrannie des petites décisions*, *op. cit.*
2. Anne-Marie Bisaoui-Baron : « Origine et avenir d'un rôle balzacien : l'employé aux morts », *L'Année balzacienne*, Paris, Garnier, 1978, p. 63-74.
3. Robert Reich : *Économie mondialisée*, *op. cit.*

« les autres », y compris pour le bureaucrate, dont l'intérêt à souligner la lourdeur de son propre univers est d'autant plus fort que cela lui permettra par la suite de mettre en évidence sa propre souplesse.[1]

Cette assimilation est trompeuse. Elle permet aux entreprises du secteur concurrentiel de s'en tirer à bon compte en établissant entre elles-mêmes et le secteur public une distance dont l'expérience montre qu'elle est moins évidente qu'on ne le croit. Pour nous en convaincre, voici quelques exemples simples qui montrent qu'il y a autant de petites bureaucraties que de grandes, que la taille n'est pas un facteur déterminant, et que le problème essentiel, c'est la façon de penser son organisation. De ce point de vue, compte tenu de l'interpénétration des élites du secteur privé et du secteur public, aussi bien aux États-Unis qu'en Europe, les modes de raisonnement y sont sensiblement identiques.[2]

La segmentation des tâches

Veut-on un premier exemple amusant, mais frappant de petite bureaucratie ? Entrons dans un salon de coiffure moyen français ou américain, et dirigeons-nous vers la partie de l'établissement consacrée à la coiffure masculine. Quelle que soit la qualité de l'accueil, le parcours qui va nous être imposé sera le même. Nous aurons à nous asseoir au « bac », où quelqu'un – une jeune femme généralement – nous lavera les cheveux ; puis elle nous demandera de nous lever, et de nous diriger vers le « banc » où le coiffeur procédera à la coupe des cheveux. Nous sommes tellement accoutumés à ce parcours, que nous acceptons de le faire, sans y penser, malgré le ridicule de la situation qui consiste à traverser une salle, hirsute et mouillé, une serviette sur les épaules. Cette organisation toute simple, présente un trait des plus caractéristiques de la bureaucratie taylorienne : ce qui bouge, c'est le produit – ici la tête du client – et non pas le travailleur qui, lui, reste attaché à son poste de travail.

---

1. François Dupuy, Jean-Claude Thoenig : *L'Administration en miettes*, *op. cit.*
2. Pierre Birnbaum *et al.* : *La Classe dirigeante française*, Paris, PUF, 1978 ; et aussi : Jean-Claude Thoenig : *L'Ère des technocrates*, Paris, Éditions d'Organisation, 1973 ; et Ezra Suleiman : *Les Élites en France. Grands corps et grandes écoles*, Paris, Le Seuil, 1979.

Essayons maintenant de « contrarier » la bureaucratie pour bien mesurer à quel point elle est ancrée dans certains esprits.[1] À l'injonction qui nous est faite de nous lever et de quitter le bac, répondons par un refus, en signifiant que nous sommes, ma foi, fort bien assis et que nous n'entendons pas bouger. Nous provoquerons chez notre interlocuteur(trice) une réaction de stupéfaction qui le conduira à se demander si nous ne nous sommes pas trompés d'endroit. Il/elle nous expliquera qu'ici, on ne lave les cheveux que pour pouvoir les couper ensuite. Nous noterons donc qu'il n'y a aucun désaccord sur le fond puisque c'est précisément la raison pour laquelle nous sommes là. Rassuré, notre mentor nous indiquera que cela se pratique au banc, là où se trouve le coiffeur. Indiquons-lui à ce moment que nous préférerions voir le coiffeur se déplacer vers nous. De plus en plus inquiet, il ou elle va mettre en avant les contraintes techniques : tous les outils nécessaires au coiffage sont avec le technicien. Lorsque nous proposerons que celui-ci les amène avec lui, vers nous, notre interlocuteur, en désespoir de cause, se précipitera vers la propriétaire qui tient la caisse pour lui expliquer qu'un « fou » délire sur son fauteuil.

Qu'est-ce qu'un « fou » ? C'est un client qui ne comprend pas les contraintes techniques, qui ne les considère pas comme acquises, universelles et de nature scientifique. On nage en plein taylorisme, dans une organisation minuscule, mais qui comme toutes les bureaucraties, « éclate » son client en fonction de la succession de ses propres tâches. Le bac et le banc du salon de coiffure, c'est le sol et le vol de la compagnie aérienne, le produit et le process du constructeur automobile. Si aujourd'hui, bon nombre de salons sont organisés de façon différente, tantôt avec des techniciens qui effectuent l'ensemble des tâches au même endroit, tantôt avec de petites équipes qui prennent en charge un client qui ne se déplace pas, c'est bien qu'à côté de la segmentation des tâches, il existe une autre logique possible pour peu que l'on prenne comme point de départ le client lui-même. On observera enfin que cette alternative implique soit un changement dans le contenu du métier (le coiffeur fait des shampooings), soit de nouveaux modes de coopération entre les membres de l'organisation (travail en petites équipes sur un même lieu).

---

1. Il s'agit d'une expérience réelle qui a été menée dans le cadre d'un travail de conseil demandé par une grande entreprise de cosmétiques. Ce travail servira d'exemple dans la deuxième partie de cet ouvrage.

Le problème du coût ne se pose pas différemment non plus dans ces micro-bureaucraties. En voici un exemple américain, à prendre lui aussi avec humour. Cet européen travaille en Californie pour une période de six mois. Il a amené avec lui sa femme et ses enfants. Quelques jours avant de regagner l'Europe, son épouse lui fait part de son souhait d'acheter aux États-Unis un *comforter*[1] qu'elle juge supérieur à celui qu'elle pourrait trouver sur le vieux continent. Les deux époux se rendent donc dans un petit magasin spécialisé, repéré grâce à une publicité dans la presse locale, pour y effectuer l'achat en question. À leur arrivée, ils sont accueillis par une jeune femme souriante qui porte un badge avec son nom, qui se présente et demande aux clients de leurs nouvelles. L'acheteuse potentielle fait part de ses désirs, et aidée par l'employée toujours aussi dévouée et prévenante, effectue un choix définitif. Néanmoins, le *comforter* désiré n'étant pas disponible en stock, la vendeuse prévient de la nécessité de le livrer, et, informée du prochain départ de ses clients qui constitue une limite impérative, leur fait remplir trois formulaires – un jaune, un vert et un rose – qui sont la garantie de bonne fin de l'opération. Clients et fournisseur se séparent dans la bonne humeur et plutôt heureux, chacun de leur côté, d'avoir eu à traiter avec des interlocuteurs d'aussi bonne composition.

Cependant, la date fatidique arrive sans que l'objet ait été livré. Inquiets, les clients retournent au magasin, où ils sont reçus par une jeune femme différente, mais selon des modalités absolument identiques, qui indiquent à quel point cet accueil aimable et chaleureux est néanmoins standardisé. La consommatrice européenne rompt la bonne humeur en indiquant qu'il y a un problème, ce qui, dans un pays dominé par le juridisme et les avocats, représente une sérieuse menace potentielle. Une fois décrit le problème, l'employée retrouve pourtant le sourire, et, bon enfant, explique aux clients qu'ils n'ont pas dû remplir correctement les papiers permettant la livraison. Lesquels papiers, immédiatement présentés s'avèrent conformes, ce qui permet à la vendeuse, de plus en plus soulagée, de réaffirmer que décidément il n'y a pas de problème. Ce à quoi la cliente, de plus en plus inquiète, rétorque qu'il y en a un d'importance puisqu'elle n'a rien reçu et quitte le pays le lendemain. La vendeuse affirme à nouveau que pour elle tout est en ordre, et, bien sûr, la situation se dégrade.

---

1. Une « couette ».

Que comprend l'observateur un peu attentif de cette saynète ? L'employée n'est manifestement responsable que de la prise de commande, et, dans la mesure où sur ce plan-là tout a été exécuté selon les procédures prévues, elle n'est plus concernée. Il n'y a donc pas de problème. Ce mot, ici, ne se rapporte pas au client, pour qui le problème existe. Compte tenu de la segmentation des tâches, de la non-coopération, du moment que les procédures de prise de commande ont été suivies, il n'y a pas de problème pour l'employée elle-même, sûre de n'encourir aucune sanction. Même si ces procédures conduisent à un résultat désastreux pour le client, et donc à la perte de celui-ci, elle est elle-même couverte, car les règles, comme dans toute bureaucratie, la protègent plus qu'elles n'assurent aux clients un résultat final de qualité. La vendeuse est donc rendue non responsable du résultat final qui n'est en définitive que le problème du seul client. À nouveau, celui-ci a été éclaté par la mini-bureaucratie entre la prise de commande et la livraison, et c'est à lui qu'il appartient d'intégrer ces deux parties de l'organisation. Il le fera certes, mais comme le faisait le fournisseur du constructeur automobile, c'est-à-dire en lui en faisant payer le prix : l'accord final, qui permettra d'éviter le recours au juge s'obtiendra au prix d'un envoi de l'objet litigieux en Europe par courrier rapide, ce qui représente, pour la petite entreprise un coût proche de celui de l'objet lui-même. Pour le magasin la perte est double, car au coût direct ainsi brutalement multiplié par deux, et qui d'une façon ou d'une autre devra se retrouver dans le prix des autres produits, s'ajoute celui de la fuite du client.

En définitive, la petite bureaucratie se conduit de la même façon que la grande bureaucratie publique, industrielle, ou de service : organisée autour de ses tâches et de leur succession (ici prise de commande et livraison) et non autour du client, elle cherche à gérer sa relation avec ce dernier par la règle et le sourire, et non par la coopération. Le résultat final est une augmentation de coût, nous l'avons dit. En outre, l'effet de ce fonctionnement est de « protéger » les membres de la bureaucratie, de diluer les responsabilités, d'une façon qu'aucun contrôle de gestion ne peut éclaircir. Il est enfin d'« insatisfaire » le client qui, s'il a le choix, recherchera en priorité une organisation construite autour de lui. Il ne se satisfera plus du simple dévouement individuel, que par ailleurs il considère de plus en plus comme allant de soi. À nouveau, même au sein des petites organisations, que l'on pense généralement souples et flexibles, c'est le mode de fonctionnement qui fait la différence : *small* n'est pas forcément *beautiful* au pays des bureaucrates.[1]

Le cas de l'Éducation nationale

Depuis le début de cet ouvrage, nous opposons la logique technique à celle du client. Soit. Mais les deux sont-elles vraiment contradictoires, ou à tout le moins, ne pourrait-on essayer de les concilier, dans une ultime tentative pour éviter la révolution qui s'annonce ou qui est déjà en marche ? La réponse à cette question va permettre tout à la fois de comprendre pourquoi nous aimons les bureaucraties, mais aussi pourquoi il s'agit là d'un amour perdu.

Partons de l'extrême. Certaines organisations sont à ce point construites sur leur propre logique, autour de leurs contraintes techniques et/ou des avantages de leurs membres, que leur fonctionnement, leurs systèmes de récompense, leurs modes de gestion en général, s'exercent à l'exact opposé du besoin du client. Un exemple classique, caricatural, mais néanmoins utile est fourni par le système public d'éducation en France.[2] Cette immense « entreprise » emploie plus d'un million de personnes, ce qui en fait à notre connaissance, avec son homologue italienne, une des plus vastes organisations au monde depuis l'éclatement de l'Armée rouge. Les professeurs qui y enseignent et y font carrière passent des concours dont tout le monde s'accorde à souligner la difficulté. De ce point de vue, la bureaucratie témoigne d'un haut niveau d'exigence quant à la sélection de ses membres. Une fois passés ces concours, les agents obtiennent des privilèges, des avantages, dont l'importance est directement liée à la difficulté, donc au niveau de l'obstacle qu'ils ont franchi.

Or, contrairement à ce qu'un esprit non averti pourrait penser, ces privilèges ne sont pas principalement financiers : les écarts de salaires dans cette organisation ne sont pas énormes. En fait, le bénéfice obtenu

---

1. Comme d'ailleurs beaucoup commencent à s'en rendre compte. Voir par exemple, Erik Israëlewicz : « Big, small, beautiful », *Le Monde Économie*, 11 février 1997.
2. Michel Crozier a même prétendu, il y a quelques années, que cette organisation est à ce point tournée sur elle-même et incapable de s'auto-réformer, qu'il fallait attendre une évolution de l'environnement – la victoire du client, dirions-nous dans ce livre – pour espérer la voir bouger. Voir : Michel Crozier : *On ne change pas la société par décret*, Paris, Grasset, 1979.

est avant tout celui d'enseigner le moins possible, et de choisir sa classe. Le système a varié dans le temps, mais globalement, là où un maître jeune, non qualifié, qui n'a encore affronté aucun concours, qui est donc un simple auxiliaire, va devoir enseigner vingt-deux heures à des classes difficiles, son collègue titulaire du certificat d'aptitude à l'enseignement secondaire se contentera de dix-huit ou dix-sept heures. L'agrégé – qui a donc passé avec succès un concours prestigieux – se verra confié quatorze heures et la possibilité, éventuellement, de choisir ses classes. Dans un tel cas, il se tournera naturellement vers les classes préparatoires aux grandes écoles, au motif officiel qu'elles sont plus intéressantes (pour lui, s'entend), plus sûrement parce que dans de telles classes, la relation entre l'élève et le professeur est régulée par le concours à venir. En atteignant le niveau de l'enseignement universitaire, les charges tombent à sept, voire trois heures, de cours hebdomadaires, et il existe même, à la fin de cet exténuant parcours du combattant, la possibilité de ne plus enseigner du tout. Ses collègues diront alors qu'il a réussi sa carrière !

Voilà donc une organisation qui distribue comme récompense à ses membres la possibilité de s'éloigner du client et de ses exigences : là où devraient se trouver les professeurs les plus qualifiés, les plus chevronnés, sont affectés les jeunes novices. Quand l'expérience, peu à peu acquise, devrait garantir un service de qualité, elle ne sert qu'à s'éloigner du *front office*, selon un principe d'ailleurs universel dans les organisations élitistes : le contact direct avec le client n'y est en rien valorisé. L'élève, lui, n'a pas le choix. Il n'a pas les professeurs dont il a besoin, il a ceux que la bureaucratie lui offre, une fois qu'elle a déterminé ses propres processus endogènes de sélection et ses propres modalités d'affectation des ressources. Nul doute d'ailleurs que la bureaucratie en question a su bâtir un discours rhétorique inattaquable qui va justifier à l'extérieur son propre fonctionnement[1] : nécessité de faire de la recherche, investissement dans les tâches administratives, etc. Mais chacun comprend que si l'on voulait redessiner l'organisation autour de sa mission, et non autour des besoins de ses membres, on obtiendrait une image très différente de celle qu'on peut contempler aujourd'hui :

1. C'est d'ailleurs ce qui se passe dès qu'une bureaucratie est attaquée. Un bon exemple en a été donné en France lorsqu'un Premier ministre a traité les fonctionnaires de « nantis », au motif qu'ils bénéficient de la sécurité de l'emploi. Voir par exemple : « La sécurité de l'emploi est absolument indispensable au bon fonctionnement de l'État. » Interview du professeur Piquemal, *Le Monde*, 8 mars 1984.

la répartition des classes, des heures d'enseignement, des affectations géographiques se ferait sur de tout autres critères et donc aboutirait à une véritable « nuit du 4 août », c'est-à-dire à la fin des privilèges. C'est ce que l'on appelle une révolution et nul ne s'étonnera qu'elle se produise dans une organisation dont la mission officielle est d'enseigner et qui a distribué à ses membres les plus qualifiés le privilège d'y échapper davantage à chaque promotion.

On peut d'ailleurs observer que le monde de l'enseignement, quel qu'il soit et où qu'il soit, présente les mêmes caractéristiques de spécialisation et de cloisonnement que nous avons relevées dans le domaine médical. Nous venons de prendre l'exemple de l'Éducation nationale française, et chacun peut sourire ou se désoler. Mais, pour prendre un exemple supposé être inverse, est-on bien sûr qu'une *business school* soit différente ? Où sont affectés les meilleurs professeurs, ou du moins reconnus comme tels par leurs pairs ? Dans les MBA, véritables vaches à lait de ces écoles, mais en même temps épreuve difficile à affronter pour les enseignants, ou dans les programmes dits « spécifiques » qui permettent une relation beaucoup plus aisée avec le participant, et donc l'obtention d'une note meilleure ? De même, dans ces établissements américains ou européens, on ne peut qu'être frappé par la « balkanisation » des disciplines, qui oblige l'étudiant à apprendre la réalité morceau par morceau, sachant que le principe de découpage des morceaux est de suivre les spécialités universitaires. Les expériences de *joint teaching* sont peu nombreuses, difficiles à mener, et rares sont ceux qui s'y risquent. Elles relèvent du mythique « cas pluridisciplinaire » dont beaucoup parlent mais que peu enseignent. Bref, ici comme ailleurs, on feint la coopération, on se parle, mais cela reste en grande partie un rideau de fumée. À l'étudiant – au client, au sens vrai du terme en ce qui concerne les business schools – d'intégrer tout cela, et de reconstituer la réalité dans sa forme systémique.

Cela suffit à comprendre l'amour pour les bureaucraties : elles permettent à leurs membres d'évoluer dans des contextes prévisibles, dont il suffit de suivre les règles du jeu pour qu'ils vous protègent de l'extérieur. Elles autorisent, pour les plus sophistiquées et les plus *high tech* d'entre elles, à se barricader derrière son hyperspécialisation pour ne pas avoir à se soucier du reste, des autres, de ses clients et de leurs besoins, de ses collègues et de ce qu'ils font. D'où, dans ces nouvelles bureaucraties, l'amour immodéré pour la technologie qui offre un cadre matériel à la spécificité, et qui, d'un certain point de vue, légitime la non-coopération. Protégé par son statut, son concours, sa *tenure*, vissé derrière son écran qui lui propose l'accès au monde sans n'avoir rien à demander à personne, le bureaucrate construit un monde où il n'y a même plus besoin de s'arranger de temps en temps avec le client pour réparer les effets pervers du fonctionnement segmenté. Tout est automatisé, les cours, les notes, les examens, rendant la contestation impossible et, de toute façon, sans objet. On ne peut dès lors que s'associer à tous ceux qui voient poindre à l'horizon les nouvelles bureaucraties appuyées sur les développements technologiques.[1] Nous ne pouvons pas encore anticiper quelle sera la capacité du client à s'y opposer.

La contradiction entre les deux logiques n'est pas toujours aussi apparente ou évidente. Elle peut prendre une forme plus ordinaire, dans une succession d'actes qui apparaissent naturels et justifiés, voire sans importance, mais qui, mis bout à bout (constituant donc « l'organisation » concrète), produisent un résultat opposé à l'attente du client. Dans un tel cas, la lutte contre la bureaucratie se heurte généralement à deux obstacles : d'une part derrière ces gestes quotidiens, il y a des « privilèges », c'est-à-dire des priorités données à ses propres contraintes par rapport à celles du client ; d'autre part, agir autrement suppose de changer de raisonnement, d'accepter de considérer qu'il peut y avoir plusieurs façons de gérer le même problème, d'accomplir la même mission. Au moins dans un premier temps, cela n'est pas naturel pour les acteurs pris dans les routines techniques pseudo-scientifiques, et cela risque donc de les fragiliser.

Le client pris en otage

Prenons-en un exemple particulièrement explicite, à nouveau dans le secteur aérien.[2] Soit un client qui veut se rendre d'une capitale européenne à une autre, par un vol d'une durée de deux heures trente environ, quit-

1. Edgar Morin écrit : « Nos démocraties sont corrélativement confrontées à un problème gigantesque, né du développement de cette énorme machine où science, technique, et bureaucratie sont intimement associées. Cette énorme machine ne produit pas que de la connaissance et de l'éducation, elle produit aussi de l'ignorance et de l'aveuglement. Les développements disciplinaires des sciences n'ont pas apporté que les avantages de la division du travail, mais aussi les inconvénients de la surspécialisation, du cloisonnement et du morcellement du savoir. » Edgar Morin et Sami Naïr, *op. cit.*, p. 160.
2. « Tough schedule for take off », *Financial Times*, January 16, 1995.

tant la ville de départ vers 18 heures. Si ce client choisit de voyager par la compagnie nationale de la capitale du pays de destination, il peut arriver que son avion atterrisse à l'heure, mais que lui-même soit en retard. Formulée ainsi, la proposition n'a aucun sens pour le technicien de la compagnie aérienne. Si le client est dans un avion à l'heure, il est à l'heure ; s'il est dans un avion en retard, il est en retard. Cette incompréhension tient au fait que, scientifiquement, il ne saurait y avoir plusieurs définitions de la ponctualité. Par conséquent, on touche là un domaine sur lequel, au moins, client et fournisseur pourraient se trouver réconciliés.

Raisonnons autrement pour mettre à jour l'opposition des deux logiques et ses conséquences pour le fonctionnement de la bureaucratie. Comment cette compagnie aérienne calcule-t-elle sa ponctualité ? Sur l'heure de départ de l'avion, non sur son heure d'arrivée. Il s'agit d'un critère technique purement endogène, lié à des modes d'évaluation, et qui n'intéresse que peu le client. Celui-ci accepte facilement de décoller en retard si des vents favorables permettent de rattraper ce retard en cours de route. Continuons le voyage. Il s'agit, nous l'avons dit, de la compagnie nationale de l'aéroport d'arrivée. Son avion va se poser aux alentours de 20 heures 30, sur sa base principale. Il ne repartira pas avant le lendemain matin, et, en bonne logique technique – sécurité avant tout – il doit recevoir son entretien quotidien. Celui-ci ne s'effectue pas au contact de la passerelle, mais « au large ». Dans la mesure où toute l'organisation est construite à partir de la succession des tâches, il est normal que l'avion – parti à l'heure et même « arrivé » à l'heure – se rende immédiatement au parking ; mais en même temps, il y amène ses passagers. Il leur faudra donc attendre un bus qui généralement n'appartient pas à la compagnie mais à l'aéroport. L'intégration entre les deux est probablement encore plus difficile qu'au sein de la compagnie aérienne. Elle explique le « ce n'est pas notre faute, c'est eux », leitmotiv d'une hôtesse qui n'y peut rien. Mais, seule interlocutrice visible, elle est comptable *de facto* de l'ensemble du voyage aux yeux de son passager. Une fois rempli le ou les bus – au prix d'une rupture dont nous avons vu qu'elle est un problème pour le client – il faut à nouveau un certain temps pour atteindre l'aérogare, en espérant qu'une porte soit ouverte et que les bagages soient livrés rapidement.

Selon les critères de la compagnie, pour la bureaucratie elle-même, ses statistiques et son autosatisfaction, l'avion est à l'heure. Le passager qui dit au commandant « vous avez atterri à l'heure, mais moi je suis en retard » est sans doute aussi fou que le client qui conteste l'ordonnancement du salon de coiffure, et c'est compréhensible. Il en appelle à une vision d'ensemble que la segmentation des tâches ne permet à aucun des acteurs de la bureaucratie d'avoir. Lui, il est en retard, au sens concret (et non statistique) qu'il va arriver chez lui 30 minutes plus tard que prévu. Mais lui faire regagner ces 30 minutes, en quelque sorte lui offrir d'être plus à l'heure que ne l'est la compagnie, suppose de réfléchir autrement, ce qui ne veut pas dire de façon plus compliquée. Qu'est-ce que la ponctualité pour le client ? Sans doute pas l'heure à laquelle l'avion décolle, ni même celle à laquelle il atterrit. Plus sûrement celle à laquelle le passager se retrouve dans l'aérogare. Certaines compagnies américaines l'ont bien compris, qui, en cas de nécessité, font annoncer par leur pilote non pas l'heure à laquelle il pense que les roues vont toucher le sol, mais celle à laquelle le client peut espérer débarquer.

En fait, le problème, pour les amoureux de la bureaucratie, ce n'est pas tant de définir une ponctualité fondée sur les critères du client et non sur les leurs ; c'est aussi et surtout la mise en pratique de cette nouvelle définition. Car le mode de calcul induit le mode de fonctionnement. Si le client en est le point central, à la place de l'organisation productrice, il va alors falloir revoir la succession des tâches (aller en passerelle avant d'aller au parking), leur contenu (qui fait quoi, qui annonce quoi, qui est comptable de quoi), éventuellement leur chevauchement. Cela peut signifier d'autres horaires de travail, d'autres définitions de temps de repos, mais aussi de nouveaux modes d'évaluation, d'autres formes de rémunération etc.. En d'autres termes, autant les bureaucraties ont été capables de dérouler l'écheveau des conséquences de la primauté donnée à leurs propres contraintes, autant le client va être capable de le faire à son profit. L'amour de la bureaucratie risque de se trouver rangé au rayon des souvenirs.

La fin des monopoles

Accessoirement, on comprend pourquoi la fin des monopoles scelle la fin de cet amour. De toutes les organisations, celles en situation de monopole ont la capacité la plus forte à imposer à leur environnement leurs propres contraintes, ou les conséquences des arrangements entre leurs membres. Et ceci simplement parce que dans leur cas le client n'a aucun choix. Il ne peut pas aller ailleurs, quel que soit le prix qu'il est disposé à payer. Il ne risque pas de gagner, puisqu'il n'y a pas de match. La situation atteint son paroxysme, lorsque le monopole a en face de lui une clientèle captive : non seulement il est seul sur le marché, mais encore ses « services » sont obligatoires. Il n'y a même plus la possibilité d'y renoncer. C'est ce qui différencie, intellectuellement, la Sécurité sociale des Impôts, même si cette distinction reste théorique : un assuré social fortuné, mais peu satisfait du fonctionnement de l'institution, pourrait renoncer à se faire rembourser ses frais médicaux. Dans une telle hypothèse, quel qu'en soit le coût, il existe quand même une possibilité de fuir la bureaucratie monopolistique. Rien de tel dans le cas des impôts : le contribuable ne peut pas renoncer à leur paiement au motif qu'il n'est pas satisfait du service.

Nous allons bientôt nuancer cette proposition, mais elle nous permet de dépasser la définition simpliste et fruste que l'économiste donne du monopole (un seul vendeur et plusieurs acheteurs) pour en proposer une autre, sociologique, utilisant le concept d'externalisation, déjà développé grâce à l'exemple du système des transports de marchandises en France. Un monopole est une organisation – ou un système – ayant une capacité quasi-illimitée de faire supporter à son environnement le poids de ses contraintes et le coût des arrangements entre ses membres. C'est un peu comme si, lorsque vous voulez aller au restaurant avec un ami, vous demandiez à une tierce personne de régler l'addition, sachant qu'elle ne participe pas au repas. Cela rendra beaucoup plus aisé pour les deux convives de trouver un arrangement sur le restaurant, sans avoir à se soucier de qui paiera l'addition. En quelque sorte ils n'auront pas à coopérer, c'est-à-dire à négocier entre eux leurs divergences d'intérêt. C'est ce qu'autorise, très concrètement, une situation monopolistique. C'est pour cela que ce type d'organisation renferme les formes les plus achevées de la bureaucratie auxquelles leurs membres ne renoncent jamais de gaieté de cœur.

Mais on aurait tort de penser qu'un monopole, n'est qu'une entreprise ou une administration sur un marché réel ou virtuel. Il existe des monopoles au sein de la plupart des organisations. Ils se créent chaque fois qu'un individu ou une partie de l'organisation fait pression pour obtenir une claire définition de fonctions, pour s'assurer qu'il ou elle est la seule à accomplir telle tâche, au motif, par ailleurs faux, que la situation contraire entraînerait des surcoûts. Dès qu'une situation de ce type se crée, que, sous des prétextes de « clarté », de non redondance des fonctions, apparaissent en fait des monopoles internes, ceux-ci se conduisent comme leurs homologues sur le marché : ils externalisent sur le reste de l'organisation le coût de leur fonctionnement interne. On le voit, l'amour de la bureaucratie n'est pas que le fait des fonctionnaires. Il est aussi celui des « rationnels », des adeptes des définitions de poste en tout genre, des fanatiques du bel organigramme qui mettent tout en œuvre pour qu'en définitive l'organisation devienne manipulable par ses membres, assurés qu'ils sont qu'elle ne pourrait de toute façon pas fonctionner en suivant ce bel ordonnancement.

Ainsi comprend-on pourquoi il est si difficile de changer une bureaucratie – on ne renonce pas facilement au confort du tiers payeur – et pourquoi, de ce fait, elle ne change que sous la contrainte. Or pour elle, la victoire du client en est une, puisqu'elle tarit les possibilités d'externalisation et oblige ses membres à trouver d'autres arrangements, par définition plus difficiles dans la mesure où ils vont devoir dorénavant s'en répartir le coût. C'est pour cela que les dernières bureaucraties à entreprendre leur révolution seront celles qui assurent les fonctions régaliennes de l'État, et n'ont donc que peu de risques de se retrouver sur le marché. C'est du moins ce qu'elles pensent, mais cela reste tout à fait théorique, pour trois raisons :

- D'abord parce qu'à nouveau on ne peut se contenter d'assimiler marché et marché économique. Les organisations publiques, puisque c'est d'elles qu'il s'agit, sont sur le marché politique. Leur client, c'est le politique, et elles peuvent imposer leur logique à leur environnement tant que cela ne génère pas trop d'effets pervers pour l'élu, en fin de compte responsable aux yeux des électeurs de l'action administrative. Or le marché politique est capable de sanctions, comme l'a montré de façon parfois brutale le Président Reagan, et de façon plus discrète, mais tout aussi ferme, le Président Clinton.
- Ensuite, il y a les effets de contagion, de capillarité, pourrait-on dire. Le client supporte d'autant plus mal d'avoir à payer les modes de fonctionnement et les déficits de coopération des bureaucraties classiques, que la plupart des organisations avec lesquelles il échange dans sa vie quotidienne ont, elles, profondément changé. Ce qui lui paraissait acceptable, légitime, voire normal, lui devient insupportable. Surtout, il a appris que l'on pouvait faire autrement. Il a gagné en esprit critique, il a été « éduqué » en quelque sorte, et il devient de plus en plus difficile de lui présenter comme une solution scientifique ce qui est en fait un arrangement partisan.

- Enfin, le concept même de marché change, s'élargit et ouvre des marges de manœuvre aux clientèles que l'on croyait jusque là captives. Regardons de près ce qui se passe en matière de fiscalité, domaine apparemment « verrouillé ». À travers les « zones franches », les avantages consentis à tels ou tels contribuables, les exemptions pour telle ou telle situation, se crée un véritable marché de l'impôt, qui ne concerne bien entendu que les contribuables à haute contribution. Ces phénomènes de délocalisation fiscale, même s'ils restent marginaux, au moins quant au nombre de contribuables concernés, n'en traduisent pas moins l'effet de la mondialisation sur le client « payeur d'impôts ». Ils ne signifient sans doute pas encore sa victoire. Ils montrent qu'il a engagé le combat, et que même les bureaucrates qui se croyaient les mieux protégés vont devoir évoluer jusque dans leurs modes de fonctionnement, c'est-à-dire dans la façon dont leur organisation traite ceux qui vont petit à petit cesser d'être des « assujettis » pour devenir de vrais clients.

Coordination et coopération

Jusqu'à présent, nous avons mis en évidence deux caractéristiques discriminantes des bureaucraties : l'absence de coopération entre leurs membres (ils s'en protègent farouchement parce qu'elle est humainement coûteuse) et l'externalisation du coût de cette non-coopération sur l'environnement. Il nous faut maintenant approfondir la compréhension du contenu concret de ce mot, et en particulier de ce qui différencie la coopération de la simple coordination. Nous avons déjà indiqué que cette dernière constituait une réponse rhétorique des bureaucraties, ayant peu de conséquences réelles sur leur fonctionnement. Retournons un instant chez Rifkin qui non seulement éclaire la distance séparant les deux termes, et donc leur contenu, mais qui souligne que l'une (la coordination) est appelée à disparaître au profit de l'autre (la coopération) : « Aucun groupe n'est frappé plus durement que celui des cadres moyens, responsables traditionnels de la coordination des échanges ascendants et descendants... La compression du temps impose des réactions plus rapides et des décisions plus promptes pour rester compétitifs. Dans cette nouvelle culture de la nanoseconde, les fonctions traditionnelles de contrôle et de coordination de la gestion paraissent insupportablement lentes et totalement incapables de répondre, en temps réel, à la vitesse et au volume des informations absorbées par l'organisation ». Plus loin il ajoute : « L'arrivée des technologies de la productique permet un traitement horizontal, plutôt que vertical, de l'information, qui fait effectivement s'effondrer la pyramide traditionnelle de l'entreprise au profit des réseaux fonctionnant sur un même plan »[1]. Il reprend ainsi, mais de façon plus précise une remarque de Robert Reich : « L'entreprise noyau est de plus en plus une façade derrière laquelle se trouve un foisonnement de groupes et de sous-groupes décentralisés qui entretiennent des relations contractuelles avec d'autres unités de travail, également diffuses, dans le monde entier ».[2] Même les spécialistes de la production et des opérations, qui demeurent implicitement attachés à la logique produit sautent le pas, alors que bien des hésitations demeurent. Parlant de la gestion d'un projet destiné à la mise en place d'une production au plus juste, Christer Karlsson et Pär Ahlström écrivent : « différents aspects du projet sont intégrés plutôt que coordonnés. Plutôt que de coordonner différentes activités et des personnels divers provenant de plusieurs sphères fonctionnelles, le personnel travaille ensemble. Les contacts directs et les réunions remplacent les fonctions et les ressources particulières affectées à la coordination... L'équipe est intégrée, et c'est un résultat de la proximité physique, tel qu'il se produit lorsque des individus travaillent ensemble au développement d'un nouveau produit. »[3]

De ces quelques extraits[4], on peut essayer de tirer une meilleure compréhension de ce qu'est la coopération, de ce qui la distingue de la coordination, et du pourquoi elle représente une telle remise en cause des bureaucraties. Coopération et coordination ont en commun de concerner aussi bien les macro que les micro-organisations. Ce n'est donc pas la taille des ensembles dans lesquels elles opèrent qui les différencie.

---

1. Jeremy Rifkin : *La Fin du travail, op. cit.*, p. 146-147.
2. Robert Reich : *L'Économie mondialisée, op. cit.* Cité aussi dans Edgar Morin et Sami Naïr : *Une Politique de civilisation, op. cit.*, p. 56.
3. Christer Karlsson and Pär Ahlström : « The difficult path to lean product development », *The Journal of product innovation management*, volume 13 Number 4, July 1996, p. 283-295. Traduit par l'auteur.
4. Néanmoins, comme nous l'avons souligné, il existe encore une grande confusion entre coordination et coopération. Voir par exemple : X. Michael Song, Mitzi M. Montoya-Weiss, and Jeffrey B. Schmidt : « Antecedents and consequences of cross-functional cooperation : a comparison of R&D, manufacturing and marketing perspectives », *The Journal of product innovation management*, volume 14, number 1, January 1997, p. 35-47.

En revanche, la coopération a deux caractéristiques qui en font un mécanisme de réduction des coûts, en changeant la façon dont les membres de l'organisation travaillent ensemble :

- Tout d'abord, elle n'exige pas de fonction spécialisée pour la mettre en œuvre, à l'inverse de la coordination. Elle suppose un contact direct entre les parties, et la négociation en face à face des décisions à prendre, des choix à faire, des actions à lancer. Ici nous rejoignons le débat lancé par Oliver Williamson sur les marchés et les hiérarchies[1]. Pour utiliser sa distinction, nous dirions que la coopération relève du marché, lorsque la coordination relève de la hiérarchie : la première est un ajustement entre les acteurs, alors que la seconde est une mise en œuvre de procédures bureaucratiques, derrière lesquelles se protègent les membres de la bureaucratie. La coordination permet aux bureaucrates de poursuivre leur propre logique, d'utiliser le vocabulaire spécialisé, en transformant toute réunion en ce que Sainte-Beuve décrivait comme : « un lieu où l'on attend que l'orateur précédent ait fini de parler pour prendre soi-même la parole. »
- Mais surtout, et c'est là que réside la principale différence, la coordination est séquentielle, alors que la coopération est simultanée : la première suppose la clarté des tâches (du moins apparemment), leur succession, et donc leur ajustement au fur et à mesure qu'elle se déroulent dans le temps. Ainsi, pour reprendre l'exemple du transport aérien, va-t-on essayer de « coordonner » les activités du personnel au sol et celles du personnel en vol, dans la mesure ou elles se succèdent. Mais, fondamentalement, cette coordination va éviter aux individus de coopérer, de se confronter, elle va leur permettre de rester protégés dans leur verticalité. Nous avons déjà montré, à travers l'exemple de l'industrie automobile en particulier, que ce mode d'ajustement soit s'épuise et produit des défauts, soit demande toujours plus de ressources pour être efficace.

---

1. Oliver E. Williamson : *Markets and Hierarchies : Analysis and antitrust implications*, New York, The Free Press, 1975. Voir aussi :
W.G. Ouchi : « Review of Williamson's "Markets and hierarchies" », *Administrative Science Quarterly*, 1977, 22, p. 541-544.
Oliver E. Williamson et W.G. Ouchi : « The markets and hierarchies program of research : Origins, implications, prospects », in A. Van De Ven & W. F. Joyce (eds) *Perspectives on design and behavior*, New York, Wiley 1981 p. 347-370.
Michel Moulet : « Modes d'échange et coûts de transaction : une approche comparative de la firme et du marché », *Sociologie du travail*, 4, 1982, p. 484-490.

La simultanéité de la coopération apparaît comme une solution – même partielle – à ce problème. Elle met les individus face à face, ou, pour le dire en termes imagés, elle demande à l'hôtesse de descendre de l'avion lorsque c'est nécessaire, et de gérer les passagers dans la salle d'attente. Elle exige du commandant de bord qu'il s'intéresse à ce qui se passe au sol, de la même façon que l'équipe du fret de Hong Kong prend en compte le processus d'embarquement à Londres. En même temps, cette simultanéité oblige les parties en présence à se mettre d'accord tout de suite et maintenant. Elle ne leur offre que peu de refuges ni de possibilités de fuite. Elle fait *de facto* tomber les protections, qu'elles soient liées à la clarté des tâches, au contenu des métiers, et, sans doute à terme, aux statuts. C'est donc l'exact envers des bureaucraties, ce qui permet de mesurer pourquoi elles résistent, mais surtout pourquoi la coopération ne leur est pas un mode habituel de fonctionnement. Nous l'avons dit. Il ne l'est d'ailleurs pour personne, parce qu'il implique confrontation et conflit, et que nous préférons évitement et consensus. Mais on comprend en même temps pourquoi la coopération ne se proclame pas, ne s'obtient pas par la simple démonstration qu'il est mieux de coopérer, et qu'il appartient aux individus de le comprendre. Il faut la rendre possible, rationnelle pour les acteurs, allons-nous dire dès la partie suivante. C'est à peu près ce qu'explique un dirigeant japonais lorsqu'il déclare : « L'une des tâches essentielles est de faire en sorte que tous nos employés souhaitent coopérer sans réserve et de leur donner envie de s'améliorer eux-mêmes sans cesse. Pour cela, il est indispensable que nous leur fournissions toutes sortes d'informations, sans souci de préséance. Tout employé a le droit de consulter *toutes* les informations informatisées au sein de la société »[1]. C'est une version très japonaise de la création de l'intérêt à coopérer, mais elle nous ouvre une piste : comment créer un contexte favorable à la mise en œuvre de nouvelles formes de travail entre les acteurs de l'organisation.

Faute de comprendre cette dimension, un certain nombre d'organisations substituent la pression, plus ou moins sophistiquée, à la création d'un véritable contexte porteur. C'est le changement de la bureaucratie par la force, c'est la bureaucratie contre la bureaucratie, et à long terme,

1. Kagono *et al.* : *Strategic versus Evolutionary Management : a U.S./Japan comparison of strategy and organization*, North Holland, New York, 1985, p. 112-113, cité par Jeremy Rifkin : *La Fin du travail, op. cit.*, p. 142.

cette démarche nous semble vouée à l'échec[1]. C'est ce que décrivent, avec passion Edgar Morin et Sami Naïr dans leur chapitre intitulé « Libéralisme, démocratie et avenir » : « Depuis le début des années 1980, le système tend à imposer non seulement dans le privé, mais dans l'emploi public, des formes de "management" de plus en plus dures [...] C'est pourquoi on assiste à une véritable déstabilisation des méthodes de direction et de gestion des ressources humaines. »[2] Le DRH que nous citions au chapitre 2, voulait faire de ses cadres des champions olympiques...

C'est bien là la question que nous devons maintenant affronter, et dont nous nous garderons bien de dire qu'elle est simple. Nous savons que le renoncement aux formes bureaucratiques d'organisation est coûteux pour les individus, ou du moins qu'ils l'appréhendent comme tel, lorsqu'on le leur propose ou le leur impose. Nous entrevoyons que cela explique en grande partie la brutalité des phénomènes de changement, mais aussi le recul devant l'obstacle qui ne fait qu'accroître le coût final du changement. Enfin nous percevons que l'absence de méthode, de compréhension un peu élaborée des mécanismes du comportement humain dans les organisations, conduit à chercher la solution dans des formes dures et stressantes de management, ce qui ne fait en fin de compte que renchérir le coût humain de l'opération, et donc renforce encore plus les résistances, nécessitant plus de pression, etc.

C'est un vrai cercle vicieux qui se crée, celui de la résistance au changement, dans lequel tout le monde perd. Dès lors, y a-t-il moyen de faire autrement, d'amortir ce coût humain, et de créer des conditions qui rendent le changement « jouable » pour les acteurs ? Nous pensons que oui. Nous allons proposer une démarche dont on verra qu'elle a pour point d'ancrage la connaissance et son partage, et pour point d'arrivée une opportunité de « penser l'impensable ». Nous l'illustrerons par des exemples – des cas, au sens pédagogique du terme – qui sont l'application que nous avons pu faire de cette démarche. Ils nous aideront à comprendre que rien n'est joué d'avance, et que pour peu que nous arrivions à raisonner autrement sur la réalité, à montrer aux autres comment le faire, à avoir beaucoup plus confiance en la capacité de tous à inventer des solutions, alors, même les bureaucraties les plus « dures » sauront développer et mettre en œuvre les possibilités de changement qui se présentent à elles.

1. Voir Mike Parker et Jane Slaughter : « Management by Stress », *Technology review*, October 1988, p. 37 ss.
2. Edgar Morin et Sami Naïr : *Une Politique de civilisation, op. cit.*, p. 127

DEUXIÈME PARTIE

LA DÉMARCHE DE CHANGEMENT

5

DE LA DIFFICULTÉ À CHANGER, D'UNE PART, ET À MAÎTRISER LE CHANGEMENT, D'AUTRE PART

LES caractéristiques que nous avons trouvées à la bureaucratie – à la techno-bureaucratie pourrait-on dire plus exactement – font système. Cela veut dire qu'elles sont devenues cohérentes les unes par rapport aux autres, qu'elles se renforcent et se solidifient mutuellement et rendent extrêmement difficiles et périlleuses la définition et la mise en œuvre d'un processus de changement maîtrisé. Cela explique l'abondance et la diversité de la littérature sur le changement, nous allons y revenir, mais aussi chez les dirigeants, la quête toujours renouvelée d'une « pierre philosophale », d'une recette, qui permettrait avec un minimum de risques de savoir ce qu'il faut faire, de le faire accepter par le corps social et de le mettre en œuvre en en maîtrisant les effets. Pour mieux comprendre l'ampleur du problème posé, résumons en cinq points ce qui constitue aujourd'hui le cœur de ces bureaucraties, contraintes de changer sous la pression du client, sauf à disparaître ou imploser, entraînant un coût humain inutilement élevé :

- *le cloisonnement et la verticalité*, construits sur la logique technique de la spécialité et de la tâche ;
- *la clarté*, perçue comme vertueuse en soi, mais dont on a vu qu'elle se solde par la constitution de monopoles internes, et finalement par la manipulation de l'organisation par ses membres ;
- *la non-coopération*, qui résout le problème individuel de la difficulté à se confronter aux autres, mais en même temps accroît dramatiquement le coût de fonctionnement de l'ensemble ;

– *l'endogénéité des critères de gestion du personnel*, c'est-à-dire le fait que ces critères soient définis par rapport aux contraintes des membres de l'organisation eux-mêmes, et non par rapport aux missions que cette organisations est supposée accomplir ;
– enfin, *les phénomènes d'externalisation*, qui englobent et rendent possibles les quatre premières caractéristiques en en faisant supporter le coût – pas uniquement financier - par « l'environnement », c'est-à-dire plus concrètement par le client.

Changer une équipe qui gagne

Dès lors la question qui est posée est la suivante : peut-on raisonnablement espérer « détricoter » une bureaucratie autrement qu'à l'occasion d'une crise majeure, suffisamment importante pour légitimer le changement et permettre des audaces, impensables lorsque les choses suivent leur cours ? L'emploi du mot « détricoter » est destiné à souligner la complexité de la tâche, car le caractère systémique de la bureaucratie, la cohérence de ses structures, ses modes de recrutement, ses principes d'évaluation, de rémunération, de promotion de ses membres, sa capacité collective à résister aux tentations de changement « en douceur », mais aussi son adresse à digérer et de ce fait à rendre sans effet réel les réformes[1], donnent l'image d'un écheveau. Par où commencer ? Ce qui est paradoxalement une question que les bureaucrates eux-mêmes se posent avec beaucoup de sérieux. Cela les conduit la plupart du temps à une vision globale du changement : on ne saurait changer qu'en changeant le tout, par un plan d'ensemble, en ayant de préférence tout prévu et tout bordé. Ce faisant, on se condamne à l'immobilisme et finalement au cynisme : pourquoi réussirait-on un jour là où tant ont échoué ? Autant baisser les bras, parer au plus pressé et la rotation des dirigeants fera le reste. Malheur à celui qui se trouve en fonction au moment de l'explosion !

1. Voir à ce sujet l'excellent dossier présenté par *Le Monde* sur la capacité de l'administration française à se recréer des marges de liberté malgré les contraintes que les pouvoirs publics cherchent à lui imposer, *Le Monde*, 5 février 1997. Sur cette même capacité de résistance des organisations, on peut consulter aussi : Jeremy Rifkin, *La Fin du travail*, *op. cit.*, p. 264.

Les dirigeants considèrent souvent que leur propre volonté de changement se heurte au conservatisme désespérant de leurs troupes[1] ; lesquelles troupes clament que tant que le sommet fera preuve d'un tel immobilisme, il sera bien difficile d'entreprendre la moindre évolution. C'est à propos de ces mécanismes que Chris Argyris parle de « routines organisationnelles défensives »[2] Certains d'ailleurs, que l'on peut considérer comme très optimistes, voient dans ces discussions sans fin sur le changement, sa nécessité et les résistances qui lui sont opposées, le début même du processus : « Un changement d'orientation débute souvent quand un nombre suffisant de gens en parlent, avant de savoir vraiment ce que c'est » écrivent Waterman, Peters et Philipps[3]. L'expérience rend sceptique devant une telle affirmation.

Plus généralement, la diversité de la littérature rend compte de ces débats et hésitations sur la façon de procéder. Nous ne la reprendrons pas ici[4]. Nous allons nous contenter d'inventorier quelques termes de la discussion, de souligner un certain nombre d'illusions trompeuses, et de mettre en évidence le point d'accord qui se dégage peu à peu : l'importance de la connaissance – de l'écoute – dès lors que l'on veut véritablement agir sur les organisations.

Et d'abord, qu'est-ce qui légitime le changement, dont la plupart des auteurs s'accordent à reconnaître le caractère non naturel ? En un mot, la « crise », la difficulté, les dysfonctionnements, et la plupart du temps, l'urgence. Erhard Friedberg écrit : « Bref, le changement est toujours

---

1. C'est, par exemple, la position développée par le Président de la République française au début de 1997. Pour une réponse – par anticipation – à cette vision, on peut se reporter à Jean-Paul Fitoussi et Pierre Rosanvallon, *Le Nouvel Âge des inégalités*, *op. cit.*, en particulier la partie intitulée « repenser le réformisme », p. 185-195.
2. Chris Argyris: *Savoir pour agir : surmonter les obstacles à l'apprentissage organisationnel*, Paris, InterÉditions, 1995, p. 30-65.
3. Robert A. Waterman Jr, Thomas J. Peters and Julien R. Phillips : « Structure is not organization », *art. cit.* Traduit par l'auteur.
4. Cette littérature est particulièrement développée aux États-Unis. Citons quelques titres marquants :
Tannenbaum R. *et al.* : *Human Systems Development*, Jossey Bass, San Francisco, 1985.
Rozabeth Moss Kanter *et al.* : *The Challenge of Organizational Change : How Companies Experience It and Leaders Guide It*, The Free Press, 1992.
D. Nadler *et al.* : *Discontinuous Change : Leading Organizational Transformation*, Jossey Bass, 1995.
Michael Hammer et James Champy : *Le Reengineering*, *op. cit.*
N. Tichy : *Managing Strategic Change : Technical, Political and Cultural Dynamics*, John Wiley & Sons, 1983.
Chris Argyris : *Savoir pour agir*, *op. cit.*

"impossible" dans les organisations, grandes et moins grandes, et il y a toujours mille bonnes raisons pour ne pas changer, pour ne pas déstabiliser les piliers du fonctionnement actuel »[1]. À cela, la métaphore sportive, « on ne change pas une équipe qui gagne » fait écho. On ne se met en question que si l'on a perdu, si l'on ne peut pas faire autrement. C'est assez souligner le caractère réactif et non pas pro-actif du changement. Il est rarement une démarche d'anticipation ou même d'accompagnement des transformations de l'environnement. Il est toujours une réaction à des symptômes dont on doit attendre l'extrême gravité pour qu'ils déclenchent une action. « On ne change pas une équipe qui gagne » signifie bien que même si elle joue mal, même si elle présente des signes évidents de faiblesse, la victoire, toute provisoire qu'elle soit, en légitime la pérennité.

« On continue à ne gouverner que dans l'urgence » souligne un haut fonctionnaire français[2], ancien syndicaliste, qui a été au cœur de la reconversion de régions en déclin et de secteurs en mutation. Quand parfois ce n'est pas le cas, que l'on veut bouleverser un ensemble qui ne connaît en apparence aucun problème, on provoque étonnement et circonspection. Et lorsque le directeur du judo français, discipline olympique dans lequel ce pays s'illustre brillamment depuis des décennies s'exclame : « On change une équipe qui gagne », le titre apparaît sur sept colonnes dans le quotidien sportif national[3]. À la question, qui est celle que se posent tous les jours les managers du monde entier, et qui lui est posée par le journaliste : « Le judo français réussit sur le très long terme. Vous avez une recette miracle ? », il répond : « Ne jamais se satisfaire de rien. Si quelque chose marche, il faut le casser, sinon on s'installe dans la routine. Au contraire de beaucoup de fédérations, on n'hésite pas à changer une équipe qui gagne. C'est le judo. On possède une culture de combat permanent. Si tu te laisses prendre par la routine, tu es mort. Tu es déjà en retard »[4].

Sur le fond, Rozabeth Moss Kanter ne dit pas autre chose lorsqu'elle invite les géants américains à faire l'effort de se remettre en cause avant qu'il ne soit trop tard.[5] Cette question de la légitimité du changement,

---

1. Erhard Friedberg: *Le Pouvoir et la règle : dynamiques de l'action organisée, op. cit.*, p. 337.
2. « On continue à ne gouverner que dans l'urgence », Entretien de Jacques Chereque avec Laetitia Van Eeckhout, *Le Monde*, 12 mars 1997.
3. Jean-Luc Rougé : « On change une équipe qui gagne », *L'Équipe*, 19 juillet 1996.
4. *Ibid.*
5. Rozabeth Moss Kanter : *When giants learn to dance, op. cit.*

nous l'avons personnellement vécue lorsque le dirigeant d'une grande entreprise internationale performante, leader mondial sur son marché, nous a demandé de travailler sur son organisation pour l'adapter à ce qu'il entrevoyait comme devant être le futur de son activité. Pour puissant qu'ait été à l'époque ce dirigeant, il n'a jamais réussi à mobiliser son encadrement, y compris celui qui lui était le plus proche, dans sa démarche. Tout le monde lui opposait l'excellence des résultats[1].

Le problème de la légitimité du changement comme anticipation du futur, la difficulté à l'entreprendre et à le mettre en œuvre, alors même que les nuages de l'orage ne sont pas encore visibles, nous paraissent expliquer la fascination actuelle pour le *leader* et sa « vision ». Nous reviendrons plus loin sur cette approche que nous considérons en partie comme une illusion. Mais elle souligne bien le paradoxe des organisations modernes, dans lesquelles personne n'a la marge de manœuvre nécessaire pour toucher à quoi que ce soit dès lors que les « indicateurs » sont bons, alors même qu'il faudrait préparer, anticiper, et profiter de la bonne santé pour entreprendre dans le calme ce qui se fera plus tard dans le bruit et la fureur. Comme rien ne le justifie « concrètement », on en appelle à cet au-delà littéralement impalpable par le commun des mortels qu'est la « vision ». Et encore cet appel à la « vision » du dirigeant, à son *leadership*, s'oppose-t-il à la confiance que l'on pourrait tout naturellement faire aux membres de l'organisation, à la fois pour déclencher un processus de changement, mais aussi – pourquoi pas ? – pour aider à le mener à bien. Malheureusement, la confiance ne fait pas partie de la culture des élites ni, par effet de système, de celle des troupes. Tout le monde s'est habitué à se tourner vers le dirigeant et son savoir, en temps normal, ou sa vision, en temps de crise. Pourtant, qui n'a remarqué, pour ne prendre que l'exemple d'Air France, qu'il a fallu une grève longue, dure, douloureuse, avec occupation des pistes, c'est-à-dire portant atteinte à l'outil de travail, pour légitimer le premier véritable processus de changement entrepris par cette entreprise ? Et, pour avoir été au cœur de ce processus, nous aimerions souligner combien l'association des personnels a contribué à la définition du « faire autrement », à la reconnaissance de sa nécessité, comme à sa mise en œuvre, et en a été le facteur-clé de succès. Fallait-il y avoir été obligé par les événements pour en arriver là !

1. Pascale Marie Deschamps: « Pourquoi tout changer quand tout va bien », *L'Expansion*, n° 496, 6 au 19 mars 1995.

Une fois la nécessité de changer reconnue et acceptée, le problème est loin d'être résolu. Faut-il, comme l'a suggéré dans son dernier ouvrage Michel Crozier, commencer par agir sur le sommet – mais il traite spécifiquement du cas français – parce que la difficulté de celui-ci à comprendre ce qui se passe pénalise la capacité d'évolution de l'ensemble[1] ? Le changement doit-il au contraire être entrepris « dans les usines ou les services éloignés de la direction générale », comme le suggèrent d'autres auteurs[2], pour être ensuite diffusé par capillarité ? La réponse est bien entendu largement contextuelle. Mais la question suggère de faire un pas de plus, de noter que le changement est lui aussi systémique. Nous verrons plus loin[3] qu'il peut se penser non seulement en termes de priorités mais aussi en termes de leviers, c'est-à-dire de points du système sur lesquels on peut agir et dont on pense raisonnablement que combinés les uns aux autres, ils se renforceront pour produire du changement.

Celui-ci est-il affaire d'individus ou d'organisations ? En d'autres termes, doit-on changer les gens, leur « psychologie », leur « mentalité », pour que les organisations évoluent ; ou bien doit-on d'abord transformer les organisations – ici largement assimilées aux structures – pour que les individus s'y adaptent ? Beer, Eisenstadt et Spector pensent que la première stratégie est vouée à l'échec, et qu'elle est même un des principaux facteurs identifiables de l'immobilisme. Ils écrivent : « La plupart des programmes de changement ne fonctionnent pas car ils s'appuient sur une théorie fondamentalement fausse. La théorie explique, en effet, qu'un changement des attitudes individuelles conduit à une évolution plus générale du comportement. Un changement de comportement, répété des centaines de fois par différentes personnes, finit par se répercuter dans toute l'organisation. D'après ce modèle, le changement est comme une expérience de conversion. Il suffit d'inculquer

1. Michel Crozier : *La Crise de l'intelligence, op. cit.* Notons ce passage au début du livre : « Nos élites se crispent. Moins elles sont efficaces, moins elles supportent la critique. Il est proprement inconcevable que des gouvernants responsables, des dirigeants d'institutions puissent déclarer sans vergogne qu'ils sont incapables d'effectuer le moindre changement à cause des rigidités, des cloisonnements et du conservatisme de la société ou des organisations qu'ils dirigent. [...] Car c'est bien au sommet de l'État, des administrations, du système des grandes écoles et des grands corps de l'État que l'on découvre la raison de ces rigidités et de ces cloisonnements », p. 8.
2. Michael Beer, Russel Eisenstadt et Bert Spector : « Pourquoi les grandes entreprises réagissent lentement », *Harvard L'Expansion*, Printemps 1992, p. 93-103.
3. Voir, dans le chapitre 7, le cas de la Banque Européenne de Développement.

aux gens la "bonne religion" pour que des modifications de comportement s'ensuivent immédiatement... Cette théorie décrit exactement l'envers d'un processus de changement. En fait, le comportement individuel est très fortement façonné par le rôle que l'individu est amené à jouer dans l'entreprise. La manière la plus efficace de modifier les comportements est donc de placer les individus dans un contexte organisationnel nouveau »[1]. L'expérience nous a montré que ces auteurs ont raison, et nous essaierons, dans les pages suivantes de donner des outils pour construire ce « contexte organisationnel nouveau ».

D'autres approches préconisent cependant de combiner les deux niveaux, celui de la transformation personnelle et celui de la transformation organisationnelle[2], en insistant sur le fait que c'est la transformation des individus qui entraîne celle des organisations. Pour notre part, il nous semble que l'on fait d'autant plus porter le poids du changement nécessaire sur les individus, sur leur psychologie ou leur bonne volonté, qu'on ne comprend pas la complexité des situations dans lesquelles ils évoluent, donc les systèmes : « Il faut aussi comprendre l'enchevêtrement des situations et des positions des individus pour rendre compte de ce qui apparaît comme une résistance aux changements. Ce que l'on qualifie de blocages de la société renvoie, dans bien des cas, seulement à une analyse insuffisamment fine des caractéristiques contradictoires des individus », écrivent Fitoussi et Rosanvallon[3]. Même si cela peut choquer ou surprendre, il s'agit moins de demander aux uns ou aux autres de changer d'attitude ou de disposition d'esprit, de les convaincre de faire autrement, que de trouver les leviers organisationnels qui permettent de les amener à se comporter autrement. Si le changement – dans les organisations, s'entend – était affaire de psychologie individuelle ou de mentalité, sa mise en œuvre n'en serait que plus aléatoire ou reportée aux calendes grecques. Quand, dans le chapitre suivant, nous montrerons que les acteurs font ce qu'ils font parce qu'ils sont intelligents – au sens sociologique du terme – que finalement nous n'avons aucun problème avec la bêtise humaine mais seulement avec l'intelligence, ce ne sera pas faire preuve d'un optimisme béat. Ce sera à la fois souligner la difficulté du changement, (car, du

1. Michael Beer, Russel Eisenstadt, Bert Spector : « Pourquoi les grandes entreprises réagissent lentement », art. cit., p. 95.
2. Voir par exemple R. Quinn : *Deep Change : Discovering the leader within*, Jossey-Bass, San Francisco, 1996.
3. Jean-Paul Fitoussi, Pierre Rosanvallon : *Le Nouvel Âge des inégalités*, *op. cit.*, p. 187.

coup, on ne peut pas raconter aux gens n'importe quoi), mais en même temps en montrer la possibilité.

Écoutons, comprenons la rationalité des acteurs, sa dimension systémique, et nous dégagerons des pistes d'action. Et encore ces points d'action, pour être trouvés en dehors des plans globaux et mégalomaniaques que nous évoquions plus haut, supposent-ils la réalisation de deux conditions que notre expérience nous amène à considérer comme incontournables. La première est le partage sur le diagnostic du problème ou, pour le dire autrement, l'existence d'un accord minimum entre les membres de l'organisation sur la nature réelle du problème qui apparaît derrière les symptômes. Ce partage ne peut résulter d'une discussion spontanée, simplement parce qu'on a mis les acteurs autour de la table. Il doit se nourrir de ce que nous appellerons plus loin une « écoute » de l'organisation, donc de ses membres. C'est ce qui permet de se parler vraiment et d'éviter polémiques et culpabilisations qui stoppent immédiatement le processus de changement. La seconde condition, nous l'avons évoquée, est de faire suffisamment confiance aux gens pour leur demander, une fois acquis l'accord sur le problème, de participer de façon active et dynamique à l'élaboration des solutions. Comment penser que la réunion du PDG et du consultant, même les plus intelligents du monde, puisse se substituer à la créativité des membres de l'organisation, pour peu qu'on leur ait apporté de la substance ? Qui plus est, une telle démarche légitime par la suite les décisions que la direction sera amenée à prendre et qui consacreront la mise en œuvre du changement.

Les illusions dangereuses

À ce propos, il semble nécessaire d'attirer l'attention sur deux illusions trompeuses que nous retrouvons avec beaucoup de constance chez les responsables d'entreprises et d'administrations : la première porte sur les règles et les procédures, la seconde sur le leadership.

Le problème des règles et des procédures a déjà été abordé dans le premier chapitre. Rappelons qu'on ne saurait réduire l'organisation à celles-ci et qu'elles n'en sont en fait qu'un élément avec lequel les acteurs jouent. Il en résulte que changer une organisation, ce n'est pas en changer la structure, même si c'est parfois nécessaire. De même, changer le comportement des acteurs, ce n'est pas édicter de nouvelles normes comportementales (dorénavant il faudra faire ceci ou cela) ce n'est pas non plus changer ou « reconfigurer » les processus (à l'avenir les tâches seront effectuées dans cet ordre précis), ce n'est pas enfin appliquer des modèles simples à un problème qu'on croit identifié (puisque nous sommes trop loin du client, nous allons nous décentraliser).

Changer la structure

Un exemple va nous permettre de montrer les limites du « structuralisme » qui sévit aujourd'hui dans les entreprises. Cette grande entreprise est leader mondial sur un marché de produits et services qui intéressent une gamme de clients allant du particulier aux plus grandes institutions. Elle opère, généralement en position dominante, dans les principaux pays développés. Malgré son dynamisme et ses excellents résultats, elle est cependant souvent comparée à un ministère, tant elle apparaît centralisée, distante, et finalement peu sensible aux problèmes quotidiens de ses clients. Sentant la concurrence se faire de plus en plus pressante, le président décide de se saisir du problème, identifié comme l'éloignement vis-à-vis du client, et donc de décentraliser, ce qui est effectivement la première idée qui vient à l'esprit lorsqu'il s'agit de se rapprocher de ses interlocuteurs. La démarche est menée rapidement, systématiquement, et se traduit par la mise en place de structures identiques dans tous les pays dans lesquels l'entreprise est présente. En dessous d'une direction de pays singulièrement allégée, sont conçues et lancées des directions régionales, dans lesquelles des spécialistes technico-commerciaux sont mis à la disposition de la clientèle, pour analyser ses besoins et y répondre. On espère ainsi accroître à la fois la réactivité et la capacité d'innovation de l'organisation.

Un ou deux ans plus tard pourtant, le doute s'installe. Non que la réforme soit un échec – lorsque nous-même serons amené à en évaluer les effets, nous en soulignerons les aspects largement positifs – mais elle n'a pas produit les effets escomptés. Plus particulièrement, tout le monde se plaint du surcroît de travail, de l'incapacité à traiter correctement les demandes, et les clients eux-mêmes paraissent toujours autant attirés par la concurrence, si ce n'est davantage pour certains d'entre eux.

Que s'est-il passé ? L'équation écoute du client = décentralisation seraitelle moins évidente qu'il n'y paraît ? Pour résumer à l'excès, le système, ici la nouvelle structure, n'a pas fonctionné comme prévu. Non que qui que ce soit ait fait preuve de mauvaise volonté, pas plus que de « résistance au changement » ; non que les « mentalités » n'aient pas évolué. Plus simplement, les acteurs se sont emparés des nouvelles règles, les ont utilisées, et ont créé un nouveau système dont le fonctionnement n'avait pas été anticipé.

Essayons d'en esquisser à grands traits les caractéristiques. L'entreprise a une multitude de clients de tailles très différentes. Avertis par une campagne de communication très efficace que désormais l'entreprise est entièrement tournée vers eux, que les technico-commerciaux sont prioritairement à leur disposition, ils se précipitent avec leurs demandes, leurs problèmes spécifiques, leurs questions précises. Dans les directions régionales, on est rapidement débordé par cet afflux. Tout naturellement, on retrouve les réflexes bureaucratiques : être débordé signifie en fait être libre, c'est-à-dire avoir le choix des questions auxquelles on répond et des problèmes que l'on traite. Dans l'urgence, on choisit de faire face à ce que l'on connaît, ce qui nécessite un moindre investissement, ce qui peut se résoudre par la routine. Le reste, ce qui est plus complexe, ce qui fait appel à des compétences ou à des solutions qui ne sont pas immédiatement disponibles, au pire, on le glisse sous la pile, au mieux, on le transmet à un directeur régional (« pour action ») qui lui-même est submergé de problèmes, sur lesquels il ne dispose pas de toutes les informations nécessaires pour intervenir.

On reconnaîtra là une très classique description d'un cercle vicieux bureaucratique. Le client est capable d'apprentissage. Il ne tarde pas à comprendre comment utiliser au mieux ce nouveau système. Toute demande peu complexe, routinière, peut être adressée à l'entreprise. Elle a une bonne chance de recevoir une réponse dans un délai raisonnable, et sans doute à des conditions avantageuses, dans la mesure où l'entreprise « achète » ainsi le droit de sélectionner ce à quoi elle accepte de faire face. En revanche, toute question complexe, nécessitant finalement une innovation, non pas au sens de la rupture technologique fondamentale, mais au sens de la capacité à trouver une solution à un problème que la routine ou les procédures quotidiennes ne permettent pas de résoudre, est de préférence transmise à la concurrence. Celle-ci est plus à même d'y faire face, parce que plus désireuse de conquérir de nouveaux clients, elle s'applique à couvrir les créneaux que la nouvelle organisation ne permet pas à l'entreprise de couvrir. C'est cela que nous appelons un « nouveau système », ce qui va bien au-delà d'une nouvelle structure.

Trois leçons importantes se dégagent de cet exemple.

1. Nous l'avons déjà indiqué, écouter le client ce n'est pas une fonction ou une structure, mais un mode de fonctionnement. Celui-ci ne se décrète ni ne s'écrit dans des règles et des procédures. Celles-ci peuvent contribuer à le mettre en place par la façon dont les acteurs se les approprient et jouent avec. Dans le cas de l'entreprise, c'est bien ainsi qu'ont été corrigés en partie les effets pervers que nous avons relevés : non pas en comptant uniquement sur la décentralisation pour se rapprocher du client – ce qui peut se concevoir comme une condition nécessaire mais non suffisante – mais en mettant en place un système d'évaluation des performances, au niveau des agents technico-commerciaux et des directeurs régionaux, qui valorise les réponses qu'ils apportent aux demandes complexes. Il s'agissait à nouveau de contrebalancer la tentation bureaucratique, et l'utilisation des outils de gestion des Ressources Humaines a été un levier essentiel.
2. Nous avons retrouvé l'idée de système qui va nous être si utile par la suite. Dans le processus de changement entrepris par l'entreprise, le fait de se centrer sur sa propre organisation occulte le jeu du client. Celui-ci est vu comme passif, à tout le moins prévisible et devant faire ce que l'organisation a prévu. C'est ce que nous appelons la théorie du « soldat de plomb ». Le client est sagement aligné, et on peut le déplacer en fonction de la tournure qu'on veut donner à la bataille. Mais, dans la réalité, les choses ne se passent pas ainsi ! L'idée de structure nous induit en erreur, parce qu'elle établit une frontière en apparence concrète, mais en réalité artificielle et abstraite, entre l'organisation et son environnement. Or les deux font système, et le client, répétons-le, est capable de jouer dans et avec la nouvelle organisation. Il fait preuve d'intelligence, se l'approprie, en sélectionne ce qui l'avantage, diversifie ses possibilités, etc. De ce point de vue, il vaut la peine de faire remarquer aux spécialistes du marketing que l'idée « d'usage », qu'ils utilisent pour comprendre comment les clients s'approprient les produits, peut être étendue aux organisations qu'ils s'approprient de la même façon. Quand nous disions précédemment que ce sont les organisations et non les produits qui font la différence entre les compétiteurs, nous pensions précisément à des phénomènes de ce type.
3. Enfin, nous avons appris quelque chose d'important sur l'innovation. Celle-ci, au sens modeste mais réaliste que nous lui avons donné, ne relève pas du génie mythique du Professeur Nimbus. Tout

le monde le sait. Mais elle ne dépend pas non plus de la création d'une structure – une direction de l'innovation – ni même d'une organisation dont on pense, parce qu'elle est sur le terrain, qu'elle est « mieux à même » de comprendre les besoins des clients, et « donc » d'y répondre. Le « mieux à même » et le « donc » font problème. Ce qui pousse à innover, ce n'est pas seulement qu'on se rapproche du client, qu'on décide de l'écouter et qu'on se prépare à lui répondre. C'est que le système qui se crée – à l'exemple de celui que nous avons décrit – se met en place de telle sorte que les clients jugent que la bonne stratégie est pour eux de poser les questions complexes à l'entreprise, et que les agents de celle-ci aient intérêt à traiter ces demandes en priorité, ou à les communiquer de façon vivante au reste de leur organisation. C'est même l'inverse du Professeur Nimbus, car l'innovation n'est plus une activité solitaire, elle n'est même plus l'image un peu idyllique de « l'équipe de chercheurs devant leur paillasse ». Elle se produit dans un système, dans un ensemble de relations qui ne s'édictent pas, ce qui accroît la difficulté à les mettre en place, mais dont on peut créer les conditions favorables, pour peu qu'on ait les outils de raisonnement nécessaires.

Ainsi, quand nous parlons de la difficulté à changer, nous ne visons pas ce que la rhétorique managériale appelle la « résistance au changement ». Celle-ci serait une caractéristique des individus, concernerant d'ailleurs toujours les autres et rarement soi-même. Nous attirons l'attention sur la difficulté – mais aussi la possibilité – de construire petit à petit des systèmes humains produisant les effets recherchés ou du moins certains d'entre eux. Bien sur, devant cette difficulté chacun peut reculer et se couvrir, à travers le luxe des précisions et des précautions qui entourent les processus mis en place. Après tout, les bonnes décisions ayant été prises, celles qui sont « logiques », si ça ne marche pas, c'est que les gens font preuve de mauvaise volonté et ne jouent pas le jeu. Or, c'est le contraire. Ils jouent le jeu, non pas de façon linéaire, causale et prévisible, mais intelligente, complexe et systémique. C'est sur cette dimension que doit porter l'investissement, car elle est la clé de la maîtrise du changement.

Leadership et vision

La question du leadership se trouve en quelque sorte à l'autre extrême du spectre des illusions. On quitte le domaine des règles et des procédures pour aller vers celui des individus, souvent exceptionnels, de leurs qualités, de leurs pratiques. Ils exercent, sur les cadres de tous les continents, une fascination aisément compréhensible et généralisée. La difficile maîtrise de ce qui se passe, l'aléatoire prévision de ce qui peut arriver, l'illusoire contrôle d'une réalité à la fois trop complexe et trop changeante, qu'on finit par juger erratique, tout cela rendrait nécessaire l'appel à quelque chose de différent, de supérieur, d'un autre ordre que celui du management ordinaire. Ce n'est pas pour rien, nous y reviendrons, que les auteurs les plus en vue insistent lourdement sur la distinction entre le *leader* et le *manager*.

Cette entrée en matière peut paraître caricaturale. Elle résume pourtant assez bien une partie de l'impressionnante littérature qui paraît sur le sujet[1]. À côté de travaux sérieux et documentés, il y a dans ce mouvement un aspect chercheur d'or assez dangereux. En fait, la question n'est pas de contester l'existence des leaders, présentant sans doute les caractéristiques que les spécialistes leur attribuent[2], ni même leur importance dans la vie des organisations. Il s'agit plutôt de se demander s'il y a dans cette approche quelque chose de vraiment utile à la mise en œuvre et à la gestion du changement, ou, en d'autres termes, si ce que l'on croit savoir du leadership est transférable et utilisable par ceux qui assurent au quotidien la responsabilité des organisations. De ce point de vue, le débat est extrêmement confus, traduisant en grande partie la rhétorique et les abstractions qui dominent dans les entreprises.

Essayons de le résumer autour de quatre points.

1. Au simple niveau du bon sens nous avons tous rencontré des leaders dont le succès nous a frappé, dont la capacité à décider au bon moment a été déterminante, et qui ont su entraîner les autres vers le succès, alors même que tout le monde croyait la situation désespérée. Lee Iacocca chez Chrysler et Christian Blanc chez Air France sont assez représentatifs de ce modèle, sans que personne ne puisse sérieusement décortiquer la mystérieuse alchimie des circonstances, du contexte et de leurs qualités personnelles. Ils représentent une « histoire », une *success story* qui laisse admiratif, mais, même si on parle

1. On trouvera une présentation à la fois complète et sophistiquée de la plupart des discussions autour du problème du leadership dans les trente et une communications du livre de : Frances Hesselbeim, Marshall Goldsmith et Richard Beckhard, Editors : *The Leader of the future : new visions, strategies and practices for the next era*, Jossey-Bass Publishers, San Francisco, 1996
2. Voir par exemple Warren Bennis et Burt Nannus : *Leaders : strategies for taking charge, op. cit.*

volontiers de leur « méthode », il y a peu de chances que l'imitation soit possible.

2. Plus profondément, on peut comprendre que le leadership soit nécessaire dans les organisations pour entreprendre le changement. Le *leader*, c'est celui qu'Erhard Friedberg appelle « l'entrepreneur du changement », cet acteur qui a à la fois intérêt et pouvoir pour mettre en œuvre les transformations, ainsi sans doute que les qualités personnelles pour le faire, même si elles sont en vérité beaucoup plus contextuelles que consubstantielles. Friedberg souligne à juste titre que la responsabilité du leader est davantage de créer une dynamique, donc de prendre les décisions initiales, que d'avoir des objectifs finaux clairs. En quelque sorte le leader est celui qui est capable de mobiliser des moyens pour des fins qui demeurent floues. Lui revient ensuite la responsabilité de corriger les trajectoires[1]. Cette approche apparaît beaucoup plus concrète et pragmatique dans la mesure où elle fait de la connaissance (le diagnostic initial) une des conditions qui va mettre les responsables en situation de prendre le risque du changement, donc de devenir leader. On sort de la mégalomanie et on revient dans le domaine du possible. Nous allons nous y attarder dans le chapitre suivant.
3. La rhétorique du leadership franchit un pas dangereux lorsqu'elle passe insidieusement du constat de l'existence ou de la nécessité du leadership, à la possibilité, voire l'obligation, pour chacun de l'exercer. Certes, on comprend l'utilité « commerciale » de ce saut, puisqu'ainsi se crée le marché du leadership dans lequel un grand nombre s'est engouffré[2]. Mais on arrive alors à des descriptions du leader et de ce qu'il convient de faire pour en devenir un, qui ressemblent aux horoscopes sophistiqués : suffisamment vastes et généraux pour couvrir tout l'éventail des possibles, donc sans utilité pratique.
4. Ce rêve de la transférabilité se heurte à une contradiction qui risque de détruire le concept de leader lui-même. On souhaite à la fois vendre ou enseigner les pratiques des leaders pour permettre à tous d'y accéder, et en même temps, si cela était, ce ne serait plus du *leadership* mais du *management*. Cela deviendrait une discipline, au même titre que la finance, le marketing ou le contrôle de gestion. Et précisément, c'est une quasi obsession des auteurs les plus populaires sur la question que de distinguer en permanence le leader du mana-

1. Erhard Friedberg : *Le Pouvoir et la règle*, *op. cit.*, p. 235 ss.
2. C'est le cas de Warren Bennis et Burt Nannus.

ger. Dans leur dernière livraison, Bennis et Nannus écrivent : « Le rôle distinctif du leadership (spécialement dans un environnement volatil) est la recherche du "savoir pourquoi" avant le "savoir comment". Et cette distinction illustre, encore une fois, une des différences clés entre les leaders et les managers. »[1]

On retiendra de cette citation non pas le débat rhétorique entre le leader et le manager mais l'importance donnée au « savoir pourquoi », c'est-à-dire à la connaissance. Il s'agit en effet d'un point d'accord capital entre des auteurs d'horizons fort différents. Simplement, à la différence des théoriciens parfois rapides du leadership, nous pensons que le « savoir pourquoi », c'est-à-dire encore une fois la compréhension du ou des problèmes, est quelque chose qui peut s'acquérir, avec un mode de raisonnement adapté. Beer, Eisenstadt et Spector notent que pour provoquer une mobilisation satisfaisante et impliquer davantage les équipes dans le processus de changement, le diagnostic des problèmes rencontrés doit être émis conjointement par les intéressés[2] ; Chris Argyris parle de « savoir pour agir » et distingue le savoir utilisable du savoir utile[3] ; Michel Crozier met au premier plan des difficultés à changer, l'incapacité des élites à comprendre la réalité[4] ; Fitoussi et Rosanvallon notent que ce qui fait défaut, ça n'est pas la volonté, mais l'analyse[5].

Tous ont raison : ce dont nous avons besoin, pour changer nos bureaucrates et nos bureaucraties ce n'est pas de modèles comportementaux ou de modèles d'organisation ; ce n'est pas non plus d'une idée précise et surtout exhaustive de là où il faut aller. La vision *top-down* (du haut vers le bas) qui construit un plan d'ensemble dans lequel tout est prévu est à la fois mégalomaniaque, inapplicable et finalement sans grand effet. Ce qui nous est nécessaire, c'est d'avancer dans la connaissance des problèmes, donc de la réalité des acteurs et des organisations dans lesquelles ils évoluent. L'accès à cette connaissance suppose, nous l'avons dit, un cadre de référence, son utilisation, une méthodologie. Nous allons, à travers quelques exemples forts, y consacrer les chapitres qui suivent.

1. Warren Bennis et Burt Nannus : *Leaders : strategies for taking charge, op. cit.*, p. 38. Traduit par l'auteur.
2. Michael Beer, Russel Eisenstadt, Bert Spector : « Pourquoi les grandes entreprises réagissent lentement », *art. cit.* p. 97.
3. Chris Argyris: *Savoir pour agir, op. cit.*
4. Michel Crozier : *La Crise de l'intelligence, op. cit.* Mais aussi : *On ne change pas la société par décret, op. cit.*
5. Jean-Paul Fitoussi et Pierre Rosanvallon : *Le Nouvel Âge des inégalités, op. cit.*, p. 187.

6

CRITIQUE DE LA RAISON PURE : LE CADRE DE RÉFÉRENCE

PARTONS de la proposition qui a été formulée au chapitre précédent : la difficulté à changer une organisation est d'autant plus grande que les acteurs de cette organisation – les dirigeants comme les personnels – ont une faible connaissance de son fonctionnement. Pour les dirigeants, c'est un frein à la prise de décisions dont ils sentent, même confusément, qu'ils n'en maîtrisent pas les effets. C'est ce que la rhétorique managériale appelle la prudence. Cela les conduit à des stratégies de protection (ce que les américains appellent crûment le *CIA syndrome*) que les sociologues de la décision ont depuis longtemps étudiées[1].

Pour les membres de l'organisation, cette méconnaissance génère des comportements de méfiance et d'opposition d'autant plus appuyés qu'ils ne comprennent pas le problème qu'il s'agit de traiter, que ce qu'on leur en dit ne leur paraît pas correspondre à la réalité – à leur réalité – et qu'ils vivent ainsi le changement comme une culpabilisation, une remise en cause *a priori* injustifiée de leurs pratiques antérieures. Dès lors, l'accès à la connaissance de ce que nous avons appelé dans la première partie le concret, l'organisation réelle, ne relève ni de l'esthétisme scientifique, ni d'un parti pris humaniste ou philosophique. Il est un enjeu majeur aussi bien de l'acceptation que de la mise en œuvre du changement.

1. Par exemple :
J. G. March : *Decisions and organizations,* Londres, Basil Blackwell, 1981.
J. G. March et J. P. Olsen (editors) : *Ambiguity and choice in organizations,* Universitetsforlaget, Bergen, 1976.
Graham T. Allison : *Essence of decision : Explaining The Cuban Missile Crisis,* Boston, Little Brown, 1971.

Nous avons par ailleurs noté dans le chapitre précédent qu'il s'agit là d'un point d'accord fondamental entre des auteurs qui évoluent dans des cultures différentes et qui ont parfois des vues contradictoires.

Le problème auquel on se trouve alors confronté est celui de l'élaboration de cette connaissance – de la réalisation du diagnostic – dans la mesure où les acteurs en ont certes une perception, mais qui reste fragmentée, cloisonnée, parcellaire, partisane bien sûr. Or ce qui importe, c'est la dimension systémique[1], c'est-à-dire le lien des parties entre elles et des parties avec le tout. C'est cette valeur ajoutée qui fait défaut dans la connaissance spontanée, dans le « coup d'œil », même appuyé sur une solide expérience. Les exemples qui vont suivre le démontreront sans peine, et expliqueront pourquoi les acteurs d'une organisation, mis en face des résultats d'un diagnostic sociologique, tout à la fois s'étonnent des faits qu'on leur rapporte et les acceptent d'autant plus facilement que la présentation cohérente – systémique – de ces faits leur donne le sentiment profond d'avoir été écoutés. Elle agit comme un révélateur, mais aussi comme un déclencheur par rapport à la pratique habituelle de segmentation, de découpage, de classification de la réalité, qui génère, elle, un effet pervers. Effet qui s'avère, à l'usage, être un puissant facteur de blocage : chaque comportement pris individuellement est *de facto* référé au seul acteur qui le porte. Il apparaît comme le problème alors qu'il n'est généralement que le symptôme, et sa modification relève donc d'une action sur cet acteur lui-même, et la plupart du temps sur lui seul. On en appelle alors à sa bonne volonté, à sa conviction, ou au mieux à son intérêt, pris dans le sens le plus réducteur et mécaniste de la « motivation ». Nous avons déjà évoqué ces organisations, saisies par l'impérieuse nécessité de « l'orientation client » et qui en font un problème d'attitudes de leurs personnels au contact de ces mêmes clients. Ce faisant, elles montrent du doigt les coupables – ceux qui doivent changer – et elles occultent la dimension systémique de ces comportements. Sans doute est-ce plus confortable, plus simple aussi. Mais l'effet réellement produit est d'accroître la difficulté à changer de personnels qui ont le sentiment justifié de ne pas avoir été écoutés, c'est-à-dire qu'on n'a pas perçu l'univers réel dans lequel ils évoluent, et par rapport auquel ce qu'ils font prend du sens. Nous verrons plus loin, à travers un cas particulièrement frappant, que des acteurs peuvent défendre une logique

1. Sur l'explicitation de l'analyse systémique et de ses fondements scientifiques, nous renvoyons à : Michel Crozier et Erhard Friedberg, *L'Acteur et le système, op. cit.*

bureaucratique « par défaut », parce qu'ils n'ont jamais expérimenté d'autres modèles, parce qu'ils pensent que seule cette bureaucratie qu'ils connaissent de longue date est en mesure de les protéger. Lorsqu'on leur propose quelque chose d'autre, au nom du « bon management », ou d'une critique théorique ou idéologique de la bureaucratie, ils s'opposent et craignent les effets du changement pour eux-mêmes et la réalité qu'ils se sont aménagée, mais que personne n'a pris la peine de comprendre.[1]

La connaissance systémique proposée ici nécessite un cadre de référence, que l'on appelle parfois un mode de raisonnement. Celui-ci s'est élaboré et a pris consistance à partir des premiers travaux d'Herbert Simon sur la rationalité limitée[2]. Il a depuis donné lieu à des débats contradictoires et passionnés, et à une littérature impressionnante dont le résumé n'est pas l'objet de cet ouvrage[3]. Il va être présenté ici de façon simple, à partir de ce que nous avons petit à petit élaboré avec les participants à nos séminaires, de façon à rendre ce mode de raisonnement utilisable par les acteurs eux-mêmes. En définitive, nous allons tenter à partir d'un exemple en apparence banal, mais en réalité d'une extrême richesse, de répondre à la question qui est au cœur des préoccupations du spécialiste des sciences sociales comme de celles du manager qui entreprend un changement : *pourquoi, dans les organisations, les gens font-ils ce qu'ils font et par conséquent pourquoi ne font-ils pas ce qu'on leur demande de faire ?*

Le dilemme de la shampouineuse

La chance nous a mis en présence du cas suivant, dont les professionnels excuseront la présentation, volontairement stylisée et simplifiée pour des raisons pédagogiques[4]. Cette compagnie, numéro un mondial dans le domaine des cosmétiques, s'est trouvée confrontée il y a un certain nombre d'années à la question suivante : comme l'ensemble de ses concurrents, elle commercialisait ses produits capillaires destinés au grand public par l'intermédiaire de différents réseaux de distribution :

1. Cette analyse, qui sera présentée dans le chapitre 7 est due à Roland Lussey (Bossard Consultants).
2. J. G. March et H. A. Simon : *Organizations,* Wiley, New York, 1958.
3. Une bibliographie très complète est présentée dans : Erhard Friedberg, *Le Pouvoir et la règle, op. cit.,* p. 387-405.
4. Cette étude a été menée, sous notre direction, par Hélène Bovais, dans le cadre du cabinet Stratema.

grandes surfaces, magasins spécialisés, pharmacies, etc. Traditionnellement, elle n'utilisait pas le salon de coiffure comme point de vente vers le consommateur final. Dans le salon, elle distribuait des produits dits « techniques », c'est-à-dire destinés à être utilisés par le coiffeur sur le ou la client(e). Tout naturellement, le problème s'est un jour posé de la création de gammes spécifiques, destinées à être proposées aux clients fréquentant les salons de coiffure. La décision de se lancer sur ce canal de vente constituait un choix politique pour l'entreprise.

C'est tout d'abord un enjeu stratégique de taille, dans la mesure où il s'agit de créer des marques nouvelles qui vont venir concurrencer celles qui existent déjà et dont certaines portent le nom de la compagnie elle-même. Enjeu commercial bien sûr, compte tenu du nombre de points de vente potentiels qui sont concernés : rien qu'en France, on compte plus de 40 000 salons de coiffure actifs. Enjeu financier enfin, impliquant embauche de personnels, fourniture de présentoirs, campagnes publicitaires, etc.

Une fois sa décision prise, la compagnie entreprend la phase de mise en œuvre avec son savoir-faire et son efficacité habituels. Les études marketing sont menées à bien, les produits sont créés, la politique commerciale est mise au point, les vendeurs sont recrutés et formés. Même si les propriétaires des salons, au moins dans certains pays, ne sont que modérément favorables à cette initiative, le poids de la compagnie, ses relations avec la profession, lui permettent d'entraîner l'adhésion de ceux qu'elle considère comme son cœur de cible.

On remarque cependant, dans l'ensemble de ce dispositif, que ce n'est qu'en fin de parcours qu'apparaît une question considérée comme secondaire : qui, dans le salon, va être chargé de proposer le produit aux clients ? La vieille théorie de la motivation financière des individus au travail souffle la réponse, et, de fait, dispense de regarder plus avant la réalité : quelqu'un qui gagne peu d'argent souhaite en gagner plus (vision mécaniste et simplificatrice à l'extrême du comportement humain dans les organisations)[1]. Il y a dans le salon quelqu'un qui cor-

1. C'est l'ensemble de la théorie de la motivation qui devrait être critiquée, non seulement d'un point de vue théorique (voir à ce sujet *L'Acteur et le système, op. cit.*) mais d'un point de vue pratique : parce qu'elle est une approche substantielle du comportement humain dans les organisations, elle en tire toujours des modèles qui sont réducteurs, et de la complexité de ces comportements, et de celle des organisations. Or, la prise en compte – l'acceptation – de cette complexité est une de conditions pour réussir le changement. L'Histoire a montré que l'alternative, c'est le totalitarisme.

respond à ce critère : si, pour le « motiver », on lui donne des stimuli matériels, financiers ou autres, il se mettra à vendre des produits, à la hauteur des avantages proposés. Cet acteur – la shampouineuse bien sûr – est généralement une jeune apprentie, peu rémunérée et qui, de ce fait, devrait voir dans cette nouvelle politique une bonne opportunité d'arrondir ses fins de mois.

Arrêtons-nous un instant pour comprendre, en termes simples, ce que l'on appelle un raisonnement mécaniste, par opposition au raisonnement systémique. Le premier ne met en jeu que les deux acteurs qui sont apparemment les seuls impliqués dans le problème : la shampouineuse et la cliente, isolées du contexte dans lequel leur relation prend place. L'action directe sur l'un de ces acteurs (le stimulus proposé à la shampouineuse) doit donc modifier son comportement vis-à-vis de l'autre (elle va proposer des produits à la cliente). Cette approche suppose un comportement prévisible des acteurs – celui de l'employée surtout, à partir d'un modèle universel (la motivation) – qui dispense finalement d'une « écoute » plus fine du salon comme organisation.

En généralisant, on peut d'ailleurs observer que l'utilisation de modèles – de comportements, d'organisations, etc. – se substitue à la difficile connaissance de la réalité. Elle apporte des solutions (donc elle rassure) qui ne s'appuient jamais sur une connaissance du problème, mais sur des constructions *a priori*, sur des postulats réducteurs, ou sur des constats qui, effectués plusieurs fois, pourraient rapidement prendre valeur de loi universelle. Cette approche réductrice et simplificatrice, si caractéristique des théories « substantielles » du management telles qu'elles sont aujourd'hui enseignées dans un grand nombre d'écoles de gestion, est un retour – si tant est qu'on l'ait jamais quittée – à la rationalité unique taylorienne. Une fois identifiée la caractéristique principale de l'acteur, on *sait* ce que sera son comportement, quel que soit par ailleurs le milieu, l'organisation, dans lequel évolue cet acteur. Au passage, on a réduit à néant l'intelligence humaine, la capacité d'adaptation de l'acteur, la dimension stratégique de son comportement, dont nous allons voir, à travers l'exemple de la shampouineuse, qu'ils sont pourtant essentiels.

Revenons en effet à notre cas. Quelques années après le lancement de sa politique de « revente », la compagnie effectue une première évaluation qui s'avère décevante. Les résultats ne sont pas au rendez-vous, en France en particulier, et un rapide tour d'horizon permet d'en déceler la cause : les shampouineuses, malgré les avantages qui leur ont été consentis, sont très réticentes lorsqu'il s'agit de proposer des produits aux clients. Les nouveaux efforts qui sont entrepris, et qui se traduisent aussi bien par une évolution des modes de stimulation que par des pressions fortes exercées sur la force de vente, et par cette force de vente sur les shampouineuses, n'apportent pas non plus les effets escomptés. La résistance à l'acte de vente reste la même, amenant la compagnie à conclure – même si, ici, nous forçons un peu le trait – que les limites intellectuelles de la shampouineuse, son peu d'enthousiasme, ne lui permettent pas de saisir son intérêt bien compris.

Cette mise en cause de « l'intelligence » de l'acteur est intéressante. Elle traduit en fait l'inadaptation de la solution qui a été choisie, et l'incapacité de ceux qui sont en charge de la décision à comprendre le problème, la réalité, parce que cette compréhension suppose un mode de raisonnement différent, et non l'application d'un modèle théorique et abstrait.

Quel mode de raisonnement ? Partons d'un postulat simple que nous allons expliciter par la suite : dans les organisations, dans la vie collective en général, les acteurs font ce qu'ils font, non pas parce qu'ils sont bêtes, stupides, voire mal intentionnés, mais parce qu'ils sont intelligents. En d'autres termes, les problèmes que nous rencontrons dans les organisations ne tiennent pas à la bêtise humaine, mais bien à l'intelligence humaine. Celle-ci, bien entendu, ne doit pas être définie à la mode française, comme la capacité d'une élite réduite à tout comprendre, tout contrôler, tout maîtriser et finalement tout reformuler dans une impeccable logique formelle. Elle doit plutôt s'entendre comme la capacité modeste de l'acteur, dans le contexte précis dans lequel il se trouve, ici et maintenant, à identifier une solution, qui est pour lui la moins mauvaise ou la première acceptable, comme on voudra. C'est bien ce que Simon a appelé la « rationalité limitée », qu'il oppose à la rationalité absolue, celle des modèles que nous évoquions plus haut, celle de la motivation financière dans le cas de la shampouineuse. « Fouiller une meule de foin pour y trouver l'aiguille la plus fine est une chose ; fouiller la même meule de foin pour y trouver une aiguille assez fine pour coudre est autre chose »[1] écrivent James March et Herbert Simon, établissant de façon définitive par cette image simple la différence entre rationalité limitée et rationalité absolue.

---

1. Voir citation en exergue de ce livre.

Explicitons, en développant la proposition de March et Simon : si, un matin, au moment de vous habiller, vous découvrez qu'un bouton manque à votre chemise et qu'il vous faut, pour le recoudre, trouver une aiguille, alors même que vous êtes contraint à un départ rapide pour ne pas manquer un rendez-vous, vous pouvez choisir entre – au moins – deux solutions.

La première vous amènera, après un calcul savant et scientifiquement incontestable, à considérer qu'il vous faut utiliser l'aiguille la plus fine, car c'est elle qui est le mieux à même de recoudre le bouton sans abîmer la chemise. Vous allez donc vous lancer dans la recherche de cette plus fine aiguille au sein de la meule de foin – la boîte à ouvrage – parce que c'est la solution scientifiquement démontrée..., et vous allez manquer votre rendez-vous.

La deuxième solution vous amènera à prendre en compte vos différentes contraintes : je ne peux pas sortir avec un bouton manquant, je dois être à l'heure à mon rendez-vous, il y a beaucoup d'aiguilles en désordre dans la boîte à ouvrage, etc. Dès lors, vous ne choisirez pas la meilleure solution (rationalité unique), du moins la meilleure sur le plan technique, mais celle qui vous permettra de résoudre momentanément et de façon acceptable les problèmes contradictoires qui se présentent à vous. Peut-être l'aiguille ne sera-t-elle pas la plus adaptée, mais vous l'aurez trouvée assez rapidement pour que le bouton soit recousu en un temps qui vous permette d'être à l'heure à votre rendez-vous : vous aurez été d'une rationalité limitée. Vous n'aurez pas choisi une abstraite « meilleure solution technique », mais la moins mauvaise, la première acceptable. En langage sociologique, vous aurez adopté une stratégie rationnelle, ce qui ne veut pas dire que vous ne vous trompez pas, ce qui ne signifie pas que l'on doive vous approuver, mais ce qui démontre le contenu concret de l'« intelligence » de l'acteur évoquée plus haut.

Dès lors, pour aider la compagnie à progresser dans la mise en place de sa politique de revente des produits de coiffage dans les salons, il faut inverser le raisonnement et essayer de comprendre : pour la shampouineuse qui est intelligente – comme tout le monde – ne pas proposer de produits à la cliente peut être un comportement rationnel (dimension stratégique) dans un univers plus complexe que le simple face à face vendeur/consommateur (dimension systémique). Pour cela il faut s'attacher à reconstituer l'univers du salon dans sa complexité réelle, derrière son apparente simplicité, et accepter modestement de regarder et de nous étonner.

Nous avons déjà vu, au chapitre 4, la taylorisation de ce petit univers, marquée par le fait que dans le processus de production classique du salon, ce que l'on fait bouger, ce n'est pas le travailleur mais le produit en cours de transformation : ici, la tête du client (passage du bac au banc). Ajoutons que, dans ce milieu segmenté, il existe des « règles du jeu », comme dans toute organisation, c'est-à-dire un ensemble de codes de bonne conduite, non écrits bien sûr, que chacun doit respecter s'il veut survivre – concrètement, ne pas se faire rejeter par les autres acteurs. Dans une forme plus sophistiquée, c'est ce que l'on appellerait la « culture », cet ensemble de règles formelles ou informelles qui se sont élaborées au fil du temps, qui traduisent les droits et devoirs de chacun par rapport aux autres, et dont la compréhension et l'acceptation sont à la fois une condition de maintien dans l'organisation et une marque d'intégration. Dans le salon de coiffure, la plus structurante de ces règles du jeu est celle qui établit que quelqu'un appartenant à une catégorie jugée « inférieure » en termes de qualification, n'a aucune légitimité pour discuter avec la cliente de ce que fait ou fera quelqu'un appartenant à une catégorie jugée « supérieure ». En termes plus simples et plus crus, cela signifie que la shampouineuse ne doit pas évoquer avec la cliente les actes techniques auxquels vont procéder coiffeurs et techniciens. Si elle s'y risque, elle devra accepter une situation conflictuelle qui, si elle perdure, se traduira par son renvoi du salon, car pour le patron le choix entre une bonne technicienne et une shampouineuse apprentie sera vite fait.

À ce stade, nous avons commencé à utiliser le raisonnement systémique. Pour comprendre la relation entre deux acteurs (la shampouineuse et la cliente), et la stratégie d'un d'entre eux (le refus par la shampouineuse de proposer des produits à la cliente), nous avons dû mettre en scène d'autres acteurs, apparemment non directement impliqués (les techniciens et le patron du salon). « Systémique » veut dire ici que chacun de ces acteurs développe une stratégie – stratégie d'autonomie, par exemple, pour les techniciens – et que ces stratégies sont liées les unes aux autres, ne se comprennent que les unes par rapport aux autres, et non isolément.

Faisons un pas de plus dans le salon, et observons qu'il n'y a pas de vieilles shampouineuses. La raison en est évidente : jeunes apprenties, elles poursuivent un objectif simple qui est de devenir elles-mêmes techniciennes. Soit elles y parviennent, et elles continuent dans la filière, soit elles échouent et quittent le métier pour ne pas avoir à faire des shampooings et à balayer le sol le restant de leur vie. Nous allons dire, pour poursuivre l'élaboration de notre cadre de référence, qu'elles ont un « problème à résoudre » qui est de devenir technicienne. Problème à résoudre ne signifie pas ici affronter une difficulté momentanée, mais chercher à obtenir quelque chose, et pour cela – on l'aura compris – l'acteur va développer une stratégie rationnelle. Observons que ce concept est très différent de celui de « motivation », initialement utilisé par la compagnie pour se lancer dans sa nouvelle politique. L'affirmation – « de l'extérieur » pourrait-on dire – qu'un acteur qui gagne peu d'argent cherche à en gagner plus n'est ni vraie ni fausse. Elle est inutile aussi longtemps qu'on n'aura pas écouté cet acteur pour essayer de comprendre, au-delà du modèle général et abstrait, ce que concrètement il cherche à obtenir, quand il fait ce qu'il fait, dans le contexte dans lequel il se trouve.

On remarquera que, pour la shampouineuse, devenir technicienne c'est-à-dire résoudre son problème, signifie obtenir une promotion. Mais il en va dans ce métier comme dans les autres. Être promu nécessite une stabilité minimum, une durée dans la place, qui permette à la fois de faire constater des compétences professionnelles mais aussi, et c'est aussi important pour l'avenir, de réussir son intégration dans cet univers humain. Or, nous l'avons indiqué, tout conflit entre un technicien et une shampouineuse tournera au désavantage de cette dernière, se soldera par son départ et par la recherche d'un nouveau salon, dans lequel il lui faudra à nouveau recommencer comme apprentie.

Mettons maintenant en scène la cliente et supposons que, lors de son passage au « bac », la shampouineuse cherche à lui vendre un produit. Les observations effectuées montrent que la cliente va répondre à cette offre par deux questions très dangereuses pour la jeune apprentie. La première porte sur l'utilisation de ce même produit par la technicienne, supposée être la seule compétente en la matière, ce qui bien entendu accroîtrait la crédibilité de l'offre. Et comment répondre alors que la technicienne, elle, utilise un autre produit, celui qu'elle s'est fabriquée elle-même, par exemple, et qui lui permet de bien maîtriser son art, mais qui n'a rien à voir avec celui qui vient d'être proposé ? En fait, vendre un produit à la cliente « coince » littéralement la technicienne, la met devant le fait accompli, en lui rendant presque obligatoire l'usage de ce produit. Or nous avons noté plus haut que précisément la technicienne développe une stratégie d'autonomie, de différenciation. Tout ce qui la « coince » la contrarie, et devient facteur d'un conflit dont nous avons vu l'issue probable.

La deuxième question que va poser la cliente porte sur les effets possibles de ce produit sur la permanente, la couleur, etc., bref sur ce que va faire la technicienne. Il implique donc pour la shampouineuse, dans l'acte de vente, d'argumenter sur ce qui va suivre, sur ce que vont faire les acteurs à forte légitimité, ceux-là même qui lui dénient le droit de le faire. À nouveau il y a conflit. À nouveau il y a risque d'exclusion du salon, ce qui est contradictoire avec les nécessités liées à la résolution du problème que nous avons identifié : obtenir une promotion. Compte tenu de ce contexte, et parce qu'elle est intelligente, la stratégie rationnelle que va développer la shampouineuse sera de ne pas proposer de produits, et ce quel que soit par ailleurs son désir de gagner plus. C'est cela la rationalité limitée des acteurs ; c'est cela qu'il s'agit de comprendre, d'écouter, avons-nous dit, si nous voulons avoir quelque chance de percevoir la réalité des organisations, et donc d'en changer le fonctionnement.

Encore faut-il remarquer que même si nous avons analysé un ensemble simple – le salon de coiffure – avec un concept qu'on peut qualifier de sophistiqué – la rationalité limitée – et qui n'est pas nouveau dans le champ scientifique, celui-ci demeure largement incompris, toujours victime du rêve de la « meilleure solution » que l'acteur serait capable de trouver pourvu qu'on lui fournisse les informations adéquates. C'est cette illusion que dénonce à nouveau Alan Ehrenhalt lorsqu'il écrit : « Les économistes actuels en savent probablement plus que les astronomes du Moyen-Âge, mais ils sont eux-mêmes prisonniers d'une idée simple qui les domine : la plupart des gens dans la vie quotidienne sont des calculateurs rationnels de leur propre intérêt personnel. Ils sont dans le jargon économique des *maximizers of utility*. Si on leur donne des informations suffisantes, ils arriveront à chaque fois à une décision logiquement correcte »[1]. Ce n'est pas l'idée de maximisation du gain qui pose problème. Celle-ci a été largement et clairement explicitée par des auteurs comme Albert Hirschman, Raymond Boudon, et même, de façon plus surprenante, par Tocqueville[2]. L'erreur de raisonnement

1. Alan Ehrenhalt : « Keepers of the dismal faith. How economists outwit common sense », *New York Times,* 23 février 1997.
2. Voir la présentation qu'en fait Robert Reich *in* : *L'Économie mondialisée, op. cit.,* p. 23-24.

porte sur l'idée de « décision logiquement correcte » qui renvoie à nouveau à la vieille conception du *one best way*, de « l'aiguille la plus fine », etc. Dans une telle perspective, il serait possible de rendre l'acteur prévisible – ce qui est le fantasme de tout responsable ayant à mettre en œuvre un changement – simplement en lui donnant l'information qui lui permettra d'être « raisonnable ». « Ce que je viens de dire pourrait être compris par des élèves du cours élémentaire », disait un jour le président d'une grande entreprise française en difficulté, désespéré qu'il était par l'opposition farouche des organisations syndicales et même des salariés à son plan de sauvetage. En fait il constatait que, même nanti d'une information franche, honnête, exacte, l'acteur ne devenait pas raisonnable, du moins au sens que lui-même donnait à ce mot. La rationalité limitée n'implique donc ni que l'acteur ait raison, ni qu'on lui donne raison. Elle n'est pas une approche permissive de ce que font les uns et les autres. Elle exprime les calculs (au sens des choix) qu'ils font pour résoudre un ou des problèmes qu'ils considèrent comme prioritaires, à partir de l'évaluation de leurs ressources et de leurs contraintes. Même si cette courte définition exclut la parfaite prévisibilité du comportement de l'acteur – tout juste permet-elle de parler de régularité dans les comportements – nous verrons plus loin qu'elle ouvre néanmoins des perspectives intéressantes en matière de gestion du changement.

Identifier les acteurs pertinents

Nous allons maintenant nous livrer à un exercice pédagogique qui consiste à reprendre les différents concepts utilisés pour lire le cas dit « de la shampouineuse », et à les expliciter. Cette explicitation ne signifie pas donner des « trucs », des techniques – en la matière nous resterons toujours relativement démuni devant le paradoxe de la double dimension aléatoire et intelligente du comportement humain. Elle vise à mettre au jour, pas à pas, un mode de raisonnement qui rende un peu plus appréhendable la complexité organisationnelle que nous ne cessons de souligner. Notre choix s'est porté sur une présentation au travers d'une grille, donc d'un outil. Elle va permettre au lecteur d'effectuer de vrais exercices d'application de cette autre façon de raisonner, sur n'importe quel système humain sur lequel il a pu réunir une information suffisante et pertinente.

Cette grille se présente ainsi :

Acteurs	Problèmes à résoudre	Ressources	Contraintes	Stratégies

Cet outil n'a rien de mathématique. Il n'existe pas de recette qui permette d'être sûr de remplir une telle grille sans erreur. Il n'y a pas de démonstration scientifique de bonne fin. Mais la discussion de ces cinq concepts de base – qui seront complétés par la suite par ceux de pouvoir et d'incertitude – va permettre d'entrer dans le raisonnement d'ensemble, et de construire une méthodologie de conduite du changement.

Toute tentative de compréhension d'une réalité organisationnelle – qu'il s'agisse de relations entre des acteurs, ou de la stratégie développée par l'un d'entre eux – suppose l'identification des acteurs pertinents, c'est-à-dire de ceux qu'il va falloir prendre en compte pour parvenir à une interprétation à peu près fiable des phénomènes sur lesquels on s'interroge. Bien sûr, *acteur* ici ne s'assimile pas à individu. Il peut avoir, et il a le plus souvent, une dimension collective (les personnels navigants commerciaux, les clients, etc.). La *pertinence*, d'autre part, ne se définit pas par l'implication directe et visible dans le problème. Nous l'avons vu à travers le cas des salons de coiffure, où pour comprendre en quoi ne pas proposer de produits à la cliente pouvait être pour la shampouineuse une stratégie rationnelle, nous avons dû découvrir qu'au-delà des deux acteurs directement impliqués (l'apprentie et la cliente), il fallait prendre en compte le patron du salon et les techniciennes, qui constituent le contexte – pertinent – de la relation.

Soulignons à nouveau que ce concept d'acteur, s'il est bien compris, permet d'assimiler simplement le raisonnement systémique, et de dépasser les visions linéaires, causales ou structurelles. Plus précisément, ce concept d'acteur permet de comprendre que les problèmes sont plus concrets que les structures : analyser le fonctionnement d'une structure donne généralement un résultat assez pauvre. Les acteurs qu'on y trouve n'ont pas forcément de relations entre eux et, dans leur vie quotidienne, sont souvent concernés par des questions différentes. En revanche, partir du problème (dans ce cas du symptôme) permet de repérer assez vite quels sont les acteurs qui sont directement ou indirectement impliqués, quelle que soit par ailleurs la structure officielle à laquelle ils appartiennent.

Un rapide exemple pour illustrer cela : une entreprise qui commercialise des boissons en grande quantité, dit avoir de sérieux problèmes avec ses achats, et souhaite effectuer une investigation lui permettant de prendre un certain nombre de décisions. Cette étude suppose la réalisation d'entretiens, que tout naturellement l'entreprise propose d'effectuer au sein même du service achats, concrètement auprès du chef de département, des chefs de produits et des acheteurs. Ici, la pertinence des acteurs est assimilée – réduite pourrait-on dire – à l'appartenance à une structure, celle qui est perçue comme posant problème. Demandons maintenant aux responsables qu'ils expriment concrètement ce qu'ils perçoivent comme la difficulté majeure. Ils expliquent clairement qu'ils ne parviennent pas à convaincre leurs acheteurs de ne pas gonfler les stocks d'articles de conditionnement, donc de moduler leurs achats en fonction des besoins de la production.

Nous allons donc considérer qu'il y a un problème central, l'achat des articles de conditionnement, et qu'autour de ce problème interagissent un certain nombre d'acteurs, quelle que soit par ailleurs la structure à laquelle ils appartiennent : les acheteurs bien sûr, mais aussi le responsable de la production qui est celui pour qui les stocks représentent une gêne. Ces deux acteurs font partie de l'entreprise, mais évoluent dans deux services différents. Comment, par ailleurs, pourrait-on comprendre ce qui se passe, sans prendre en considération les fournisseurs, pourtant non membres de l'entreprise, et *a fortiori* de son service achat, et qui sont, par définition des acteurs clé ? Bref, autour du problème considéré se constitue un réseau d'acteurs dont les interactions forment ce qu'on appelle un système, pourvu que ces interactions aient un certain caractère de stabilité. On comprendra que si les acheteurs sont évalués sur le coût unitaire de l'article acheté, leur communauté d'intérêt avec les fournisseurs extérieurs soit plus forte que celle qu'ils peuvent avoir avec les responsables de la production de leur propre entreprise.

Deux conclusions ressortent de ce petit cas : la première est que dans un tel contexte, nul doute que pour les acheteurs, la commande des bouteilles en grande quantité soit une stratégie rationnelle, au sens où nous avons cherché à la définir ; la deuxième est qu'à nouveau, pour comprendre les organisations, le concept de système est beaucoup plus utile que la connaissance des structures qui, comme tout ce qui relève de l'univers des règles et des procédures, restent relativement abstraites par rapport au comportement réel des acteurs.

Notons enfin que dans une démarche de mise au jour d'une réalité organisationnelle, le repérage des acteurs pertinents n'est pas obligatoirement spontané. Il se fait au fil de la réflexion. C'est ce qui a été illustré par l'analyse du système des transports terrestres de marchandises[1] : l'apparition, en fin de travail, de la compagnie d'assurance comme acteur clé de ce système, permettant l'externalisation des coûts de son fonctionnement sur l'ensemble des automobilistes.

Le concept de « problème à résoudre » est central dans le raisonnement stratégique et systémique. Rappelons en deux mots pourquoi : les acteurs sont rationnels non par rapport à un modèle général, abstrait, scientifique ou moral, mais par rapport à ce qu'ils se sont concrètement fixés comme but à atteindre. Or nous l'avons dit, on ne peut modifier le comportement d'un acteur – du moins maîtriser cette tentative de modification – qu'à partir du moment où l'on appréhende la rationalité de ce comportement, donc le problème qu'il cherche à résoudre. Et, ceci expliquant sans doute cela, il s'agit bien là à la fois du concept clé, et en même temps du plus délicat. En effet, nulle recette qui permette d'être sûr de ne pas se tromper ; pas de « ficelle » qui sécurise l'interprétation ; mais la nécessité d'écouter les acteurs, au sens vrai du terme, et à partir de cette écoute, de formuler une hypothèse, toujours à questionner, toujours à vérifier sur ce qu'ils essaient d'atteindre.

L'écoute, un exercice délicat et aléatoire

Trois raisons rendent l'exercice particulièrement délicat et aléatoire. Leur explicitation va nous permettre d'en dire un peu plus sur ce qui est appelé ici « l'écoute », avant de la développer plus en profondeur dans le chapitre suivant.

Le maire, les emplois... et les terrains

Il a été indiqué plus haut qu'un système est un réseau d'interdépendances entre acteurs, qui entrent en relation autour de la même question. La première difficulté réside dans le constat évident qu'il y aurait quelque naïveté à passer de la communauté de la question qui réunit ces acteurs, à une communauté de problèmes à résoudre pour ces

1. Voir chapitre 1.

acteurs, qui serait par exemple la résolution de cette question. Un rapide exemple va permettre de l'illustrer[1]. Dans les années 1970 éclata en France un conflit du travail, classique à cette époque, de type autogestionnaire. L'entreprise concernée s'appelait Titan Coder et fabriquait des remorques de camions. Le gouvernement alors en charge des affaires, préoccupé par la chasse aux « canards boiteux » de l'époque, décida qu'il n'y avait pas de place pour une industrie de la remorque française rentable et tenta d'intéresser des opérateurs étrangers (américains essentiellement) à la reprise de l'entreprise en difficulté. Le conflit qui s'ensuivit prit rapidement une dimension nationale, les salariés décidant d'occuper les trois sites industriels (Maubeuge, Marseille et Chalon-sur-Saône), et de produire et vendre par eux-mêmes. Tout le monde s'en mêla, à l'image de ce qui s'était passé autour de la fermeture de Lip : les préfets, les sous-préfets, les élus locaux et nationaux, les chambres de commerce, les organisations patronales et syndicales, les ministères, etc., à tel point que lorsque nous en fîmes un cas pédagogique, les étudiants auxquels nous le soumettions, n'identifiaient jamais moins d'une vingtaine d'acteurs pertinents.

Parmi ceux-ci, la stratégie développée par le maire de Marseille de l'époque les surprenait et, souvent, ils se laissaient aller à la qualifier de stupide, au motif que le maire ne cessait de proposer une solution de remplacement, qui permettait de sauver les 300 emplois menacés dans cette affaire, mais en dehors de sa propre commune. Interrogés sur le fait de savoir pourquoi ils considéraient cette stratégie en quelque sorte comme « irrationnelle »[2], les étudiants ne manquaient jamais de souligner qu'un maire cherche avant tout à préserver l'emploi sur le territoire dont il a la charge. Certes… sans doute… dans la plupart des cas. Mais c'est un modèle *a priori*, et comme tout modèle, il rejette ce qui ne s'y plie pas dans la déviance et l'incompréhensible. L'erreur ici porte sur l'identification du problème à résoudre : en poussant plus avant les investigations, il devint de plus en plus évident que le maire en question souhaitait récupérer les terrains bien situés que l'usine occupait sur sa commune. Dans un tel cas, la menace qui pesait sur l'emploi des salariés ne constituait pas pour lui une difficulté, elle n'était pas la ques-

1. Ce cas a été étudié par Dominique Thomas, dans le cadre de l'Association pour le Développement des Sciences Sociales Appliquées (ADSSA)
2. On aura compris que dans les organisations il n'y a pas d'irrationnel. Qualifier ainsi le comportement d'un acteur traduit simplement la difficulté à reconstituer la rationalité de son comportement

tion centrale, même si, comme tout le monde, il s'agitait bruyamment autour de sa résolution. Elle constituait une ressource, une opportunité au sens anglo-saxon du terme. En anticipant sur ce qui va suivre, nous dirons dans un tel cas que *le problème à résoudre* pour l'élu est la récupération des terrains, sa *ressource* la menace sur les emplois, sa *contrainte* qu'il ne peut de lui-même expulser l'usine, et sa *stratégie* de proposer une solution ailleurs : nul jugement de valeur, nulle considération morale ou idéologique. Ce que nous venons de faire est une simple lecture de la réalité, sous réserve, à nouveau, d'une erreur toujours possible. Ajoutons que ce maire n'agit pas différemment de ceux qui l'entourent. Avec un peu de rudesse, on pourrait affirmer que sauver les 300 emplois n'est finalement un problème à résoudre que pour les 300 personnes dont l'emploi est effectivement menacé.

Tous les autres acteurs, au-delà de la question qui les réunit et sur laquelle tout le monde s'agite, gèrent un problème particulier, et ainsi vont les organisation humaines sans qu'il soit nécessaire de s'en offusquer. Cela montre d'ailleurs que le problème central du management n'est pas d'obtenir quelque consensus abstrait sur des valeurs générales auxquelles chacun adhère d'autant plus facilement qu'elles n'interfèrent pas avec la vie quotidienne. Il est de comprendre l'ensemble de ces stratégies, et de trouver les leviers pour les faire évoluer dans le sens que souhaite le dirigeant, parce que c'est sa responsabilité de dirigeant. Nous y reviendrons.

Drôle de fréquence pour une rencontre

La deuxième difficulté que nous affrontons tient au fait qu'évoquer les problèmes à résoudre des acteurs ne suppose pas qu'ils aient eux-mêmes conscience de ces problèmes. Il faut accepter cette idée simple que l'on n'a pas besoin de savoir ce que l'on veut pour le vouloir, et que l'on n'a même pas besoin de savoir qu'on le veut pour l'obtenir. Cette proposition nous ramène au problème de l'écoute déjà évoqué. Écouter un acteur, ça n'est pas lui demander ce qu'il veut et ouvrir grandes ses oreilles dans une attitude manifeste de disponibilité. La plupart du temps l'acteur n'en sait rien, et la question ne fera que le plonger dans l'embarras culpabilisateur de celui qui ne sait pas ce qu'il veut. Pour illustrer cela par une image, on pourrait dire que lorsqu'un chef dit à son subordonné « vous ne savez pas ce que vous voulez », ce dernier devrait se sentir autorisé à répondre que précisément, la responsabilité d'un chef, c'est de comprendre ce que veut son subordonné. C'est cela l'écoute, et à nouveau il faut souligner son caractère interprétatif. Pour résumer, elle consiste, à travers ce que dit chacun sur sa réalité, et en le comparant avec ce qu'affirment les autres sur cette même réalité, à émettre une hypothèse sur ce que l'acteur – individu ou groupe d'individus, répétons-le – cherche à résoudre.

Soit, pour l'illustrer, l'expérience classique suivante que chacun peut faire. Prenons deux individus A et B dans n'importe quelle organisation, sachant que A est le supérieur hiérarchique de B, et posons-leur une question simple, claire, précise, dont la réponse ne devrait souffrir en principe aucune contestation dès lors que l'on fait l'erreur de penser que les acteurs *devraient* dire la vérité. Nous allons voir qu'ils ne le font pas, non pas parce qu'ils mentent – dès qu'on se place sur le plan de la vérité ou du mensonge, du bien ou du mal, on n'écoute plus personne – mais parce que la vérité n'existe pas, ou du moins elle n'existe que de façon très lointaine et très abstraite par rapport à l'univers quotidien. Un acteur interviewé, ou avec lequel on parle, ne dit pas la vérité, il exprime sa perception de la réalité, ou la perception qu'il pense avoir intérêt à communiquer à l'environnement.

La question que nous allons poser à nos deux acteurs est celle de la fréquence de leurs rencontres dans le cadre de leur vie de travail. Supposons que sans hésiter, Monsieur A affirme rencontrer Monsieur B quatre fois par mois, et que Monsieur B, sans davantage d'hésitation, estime cette fréquence à cinq fois par semaine. Devons-nous en conclure que l'un des deux ment ? Non, bien sûr ! Il nous faut au contraire utiliser cette différence dans leur perception d'une même réalité, comme un indicateur que pour Monsieur B, sa relation avec Monsieur A est plus importante que ne l'est pour Monsieur A sa relation avec Monsieur B. La question devient alors : quel problème Monsieur B cherche-t-il à résoudre lorsqu'il valorise ainsi et peut-être survalorise la relation avec son chef ? Prenons l'exemple d'une réponse parmi cent situations possibles, et supposons que ce cas se déroule dans une de ces bureaucraties classiques qui est le sujet même de ce livre. B est lui-même un cadre intermédiaire qui a en charge un certain nombre de subordonnés (appelons-les C, D, E, F, etc.). Ces derniers n'ont aucun accès au grand chef (A), dans la mesure où ils doivent suivre la ligne hiérarchique. En revanche, dans une bureaucratie où tout est régi par les règles et les procédures, B ne contrôle pas grand-chose sur ses propres employés. Il ne les note pas, ne les évalue pas, ne les promeut pas, ne décide pas de leurs dates de vacances, etc. La seule façon qu'il a d'obtenir quelque chose de leur part est de leur affirmer tous les matins qu'il vient de rencontrer le chef, qu'il a appris quelque chose d'important pour tout le monde, sans cependant jamais dire de quoi il s'agit. Pour introduire un concept qui sera développé plus loin, il crée de l'incertitude.

Qu'avons-nous compris de simple ? Que le problème à résoudre pour Monsieur B est le contrôle de ses subordonnés. Le sait-il ? Cela n'a aucune importance. Et la stratégie qu'il utilise pour s'assurer ce contrôle est à la fois de monopoliser l'accès au chef, et de souligner ou d'exagérer la fréquence de leurs relations. En quoi ce type d'analyse est-il utile, y compris sur un cas aussi simple, dans la vie quotidienne ? Supposons qu'un nouveau Monsieur A soit nommé, sans aucune connaissance préalable de l'organisation dans laquelle il doit s'insérer, mais nanti de solides principes – des modèles – qu'il a appris dans les meilleures écoles de gestion. On doit, lui a-t-on enseigné, ouvrir sa porte à tous lorsqu'on est responsable d'une organisation. Aussitôt investi de ses nouvelles fonctions, il ne se penche pas sur le problème, mais applique les solutions, qui vont lui permettre de marquer sa différence. Convoquant C, D, E, F, il leur indique son souhait de relations directes avec eux et l'ouverture permanente de sa porte à cet effet. Ces derniers, qui n'y voient pas malice, commencent à discuter en face à face avec ce chef auquel jusque là ils n'avaient pas accès. Peu de temps après, que constate-t-on ? Monsieur B est en retrait ; il n'investit plus, ne parle plus, ne participe plus à la vie collective. Et Monsieur A va pouvoir, grâce à son excellente formation, faire le diagnostic de sa nouvelle organisation en moins de 15 jours : l'encadrement intermédiaire (ici Monsieur B) n'est pas motivé !

Cette conclusion est bien sûr erronée. Monsieur A n'a vraiment rien compris, et parce qu'il a appliqué un modèle *a priori*, sans investir dans la connaissance, il n'a pas maîtrisé les effets de ses décisions, qui, même à l'échelle microsociale qui est celle de ce cas, ont produit des effets pervers.

Reprenons brièvement, en utilisant la grille qui a été proposée : Monsieur B, « petit chef » d'une bureaucratie, cherche à contrôler ses quelques subordonnés. C'est son problème à résoudre. Il a une ressource forte qui est le monopole de l'accès au « grand chef », et une contrainte majeure qui est l'absence de pouvoir réel sur les membres de cette organisation. Sa stratégie, nous l'avons dit, est de préserver son monopole. Une vision extérieure pourrait faire dire qu'il est « peu ouvert », qu'il « joue fermé », etc. En fait, il a une stratégie rationnelle qui consiste à préserver et à utiliser sa ressource principale. Lorsqu'il décide d'établir des relations directes avec les employés, le nouveau Monsieur A applique un principe abstrait, dont le seul effet concret sur le système existant est d'enlever à Monsieur B l'unique ressource qu'il avait pour jouer dans le jeu. Et que devient la stratégie rationnelle d'un acteur qui est privé de ressources ? Elle est de se retirer du jeu, parce que cet acteur est intelligent, et non pas à la suite d'une quelconque et bien théorique absence de motivation. Là encore, la discussion sur les problèmes à résoudre des acteurs nous ouvre quelques portes sur la maîtrise du changement.

Le « cordo » et le retard

La troisième difficulté à gérer mérite qu'on s'y arrête longuement, car elle permet d'aborder le problème de l'incertitude et du pouvoir dans les organisations[1]. Que l'acteur soit ou non au courant de son propre problème à résoudre, il n'a que très rarement intérêt à le dire, à le mettre sur la place publique, sauf à être absolument sûr que cela ne lui crée aucune situation de dépendance.

En effet, dans n'importe quel système humain, dès lors que des acteurs savent ce qui est important pour l'un d'entre eux – ce qu'il cherche à atteindre – ils peuvent évaluer ce qu'ils contrôlent sur lui – les incertitudes – et donc le pouvoir qu'ils en tirent, c'est-à-dire, pour résumer, leur capacité à négocier avec cet acteur en situation de force.

Pour illustrer ce point crucial, qui ramène aux conditions de la coopération, nous allons utiliser un exemple tiré du transport aérien, que, pour les besoins de l'exposé, nous allons styliser. Il n'est pas besoin d'être un spécialiste de ce secteur pour comprendre que la réduction du temps que les avions passent au sol d'une part, et la ponctualité des appareils d'autre part, sont deux conditions de bonne rentabilité pour n'importe quelle compagnie aérienne. Le système dit des *hubs* en particulier rend crucial la minimisation des retards, faute de quoi les pas-

1. Les problèmes d'incertitude et de pouvoir ont été magnifiquement traités par Michel Crozier, dans *Le Phénomène bureaucratique*. Le cas qu'il utilise, celui dit du « Monopole industriel », qui est d'ailleurs repris dans *L'Acteur et le système*, conserve toute sa valeur. Regrettons que quelques esprits obscurs, qui ne comprennent pas que l'ancienneté n'a rien à voir avec la valeur heuristique d'un cas, le trouvent « trop vieux » et refusent son utilisation à des fins pédagogiques. Le dilemme du prisonnier est-il trop ancien ?

sagers manqueront leurs correspondances, ce qui représente un coût considérable pour l'entreprise. Soit maintenant une grande compagnie européenne, opérateur majeur sur le continent – appelons-la X-Air – qui a établi son *hub* sur le principal aéroport de son pays d'origine. Pour X-Air comme pour les autres, et surtout dans le climat de concurrence exacerbée qui sévit dans cette industrie, la ponctualité est un enjeu majeur autour duquel on essaie de mobiliser tous les acteurs. Elle n'est pourtant pas aisée à obtenir, tant la préparation d'un avion, surtout un long courrier, est un ensemble d'opérations complexes. Même en simplifiant, on peut compter jusqu'à onze tâches importantes à accomplir, onze corps de métiers s'activant en même temps autour de l'appareil, pour permettre le décollage à l'heure prévue.

Bien entendu, l'intégration de ces différentes activités est le point clé. D'elle en effet dépend la ponctualité au départ, et l'obtenir se révèle extrêmement difficile, dans la mesure où le cloisonnement par métiers de X-Air a pour conséquence que chaque équipe qui travaille autour de l'avion dépend d'un département ou d'une division différente, donc d'un chef différent. L'équipe de maintenance et celle du fret ont peu en commun, et encore moins avec celle chargée d'approvisionner le vol en repas. Dans l'organisation traditionnelle de la compagnie, on a désigné un acteur, chargé d'assurer la coordination de toutes ces activités – nous avons déjà discuté ce terme : le chef avion, plus communément appelé le ou la « cordo », car le métier s'est largement féminisé. Chacun d'entre nous a d'ailleurs pu voir ce cordo s'activer, dernière personne à se précipiter dans le poste de pilotage, des papiers à la main, constatant que tout est prêt et que le commandant peut décider la mise en route. Historiquement, chacun s'accorde à reconnaître que les cordos de X-Air sont efficaces, et obtiennent une bonne coopération de toutes les parties concernées, ce qui permet à la compagnie de figurer dans le peloton de tête des statistiques de ponctualité ! De cette entente cordiale chacun a une interprétation plutôt affective, voire mythique : c'est l'aviation, la culture de l'exploit, les rapports rudes parfois, mais finalement francs et tournés vers l'intérêt commun.

Il y a quelques années, pour faire face aux difficultés naissantes, X-Air se réorganise, au sens traditionnel du terme, c'est-à-dire change de structures, et tente d'adopter l'organisation type d'une compagnie aérienne moderne performante. Brutalement, à la suite de cette réorganisation, les relations autour de l'avion se détériorent, la ponctualité s'étiole, et la coopération laisse place aux conflits et aux récriminations.

Interrogés, les consultants ayant eu en charge la mise en place du nouvel organigramme, soulignent qu'ils n'ont touché à rien. En particulier, constatent-ils à juste titre, dans la situation antérieure le cordo n'avait aucun pouvoir hiérarchique sur les différentes équipes dont il était chargé d'obtenir la coopération ; la situation est toujours la même. Sans doute, ajoutent-ils, la situation est-elle aujourd'hui plus tendue, la bonne volonté moins facile à obtenir, ou bien les cordos sont-ils plus jeunes et moins aguerris face à des populations peu faciles à manier. Bref, l'interprétation du changement concret et radical qui s'est opéré est faite en termes personnels, individuels, et non systémiques. On admettra qu'une telle situation peut laisser n'importe quel responsable à la fois perplexe et démuni. C'est pourquoi il faut poser la question autrement, en termes beaucoup plus concrets et pratiques. Pourquoi, dans la situation antérieure, coopérer avec le cordo était-il une stratégie rationnelle pour les membres des différentes équipes travaillant autour de l'avion ? Ou, pour le dire autrement et introduire les nouveaux concepts que nous sommes en train de discuter, quelle *incertitude* contrôlait précédemment le cordo sur ces équipes qui lui permettait d'obtenir leur coopération ?

Cette façon de poser la question induit elle-même une autre forme d'investigation, de recherche des faits. Elle évite de se centrer sur les structures, les définitions de fonctions, etc., et fait porter l'attention sur les éléments de contexte, peut-être banals et sans importance en apparence, mais qui vont se révéler structurants. Bref, elle invite à la curiosité, à l'écoute, en situation aléatoire, c'est-à-dire sans le recours à des modèles interprétatifs, étrangers à la réalité précise que l'on cherche à comprendre.

Ici, nous ne tarderons pas à découvrir que le cordo, outre sa tâche d'intégration, a la responsabilité d'attribuer, à la fin de la préparation de l'avion, ce que l'on appelle le « code retard ». Cela signifie simplement que si effectivement l'avion ne part pas à l'heure, il appartient au cordo de déterminer et d'indiquer qui en assume la responsabilité. C'est assez pour comprendre qu'il contrôle une incertitude d'autant plus forte que le retard peut avoir des causes complexes, imbriquées, entres lesquels le cordo pourra finalement trancher à sa convenance.

Pourtant, il faut faire un pas de plus : l'incertitude que contrôle un acteur ne lui donne du pouvoir que si elle est pertinente, c'est-à-dire importante par rapport à un problème qu'un ou plusieurs autres acteurs, ou l'organisation elle-même, cherchent à résoudre. Cette notion de pertinence nous aide à comprendre pourquoi nous avons affirmé que l'acteur n'a pas intérêt à se dévoiler : « dis-moi après quoi tu cours, et je saurai si je te tiens ! ». Dans le cas qui nous occupe, l'attribution du code retard est une incertitude pertinente non seulement parce qu'une partie plus ou moins importante de la rémunération des différentes équipes peut en dépendre, mais surtout parce qu'elle conditionne l'autonomie de leurs membres. Et la recherche de l'autonomie est un problème à résoudre souvent crucial dans les organisations. Pour ne prendre qu'un exemple, tant que les ouvriers de maintenance ne sont responsables d'aucun retard, leur chef les laisse relativement libres d'organiser leur travail à leur convenance, de constituer eux-mêmes leurs équipes, de gérer leurs pauses, etc. Dès que les retards sont attribués à son équipe, il est obligé de devenir beaucoup plus « interventionniste » pour éviter que la situation ne se détériore davantage.

Le pouvoir du cordo n'a donc rien à voir avec la hiérarchie officielle. On pourrait même ajouter qu'il peut être plus important que ce qui est décrit ici. En cas de retard en effet, et si le cordo juge que néanmoins chacun a fait de son mieux, il est le seul à pouvoir négocier une levée de la sanction. Dernier à se rendre dans la cabine de pilotage, il pourra toujours demander au commandant de bord d'accepter de prendre à son compte le code retard, puisque pour lui il n'entraînera aucune sanction, compte tenu de sa liberté ultime, et non sujette à justification, de décider si oui ou non l'avion est prêt à décoller.

Que s'est il passé lors de la « réorganisation » qui explique le changement brutal de comportements des acteurs et l'apparition de retards de plus en plus fréquents ? Comme souvent il s'agit de la conséquence d'une bonne intention appuyée sur des principes, mais sans connaissance de la réalité. Les organisateurs ont considéré que compte tenu de l'importance du rôle du cordo par rapport à l'enjeu crucial de la ponctualité, il était inutile, voire absurde, de lui demander d'effectuer des tâches bureaucratiques, comme l'affectation des codes retard. Celle-ci lui a donc été retirée, afin de lui laisser plus de temps à consacrer au « terrain ». Mais, en terme d'effets concrets, elle l'a privé de la source de son pouvoir effectif, et a rendu de ce fait beaucoup moins rationnel pour les membres des différentes équipes de coopérer avec lui.

Tirons-en rapidement quelques conséquences pour la construction de notre cadre de référence bien sûr, mais aussi pour la conduite du changement : organisation n'est pas structure. Nous le disions dans le chapitre 1, nous le confirmons ici, en même temps que nous comprenons que pouvoir n'est pas hiérarchie. Mais si l'un et l'autre sont vrais, alors changer les organisations, ça n'est prioritairement ni changer les structures – nous le savions – ni « positionner » tel ou tel acteur dans la hiérarchie pour qu'il ait plus de pouvoir. Beaucoup plus profondément, c'est changer la distribution réelle de ce pouvoir, en donnant aux acteurs intégrateurs des leviers réels et pratiques sur lesquels agir, qui portent sur la réalité des problèmes que les acteurs que l'on veut voir coopérer cherchent effectivement à résoudre. La coopération, répétons-le, n'est pas affaire de bonne volonté ou de bon sens. Elle est ou n'est pas une stratégie rationnelle pour les membres de l'organisation. Elle ne se décrète pas ; elle se construit. Nous en donnerons des exemples dans le chapitre suivant.

Les leviers du changement

Dès lors, comprendre les concepts de ressources et contraintes est aisé. On appellera *ressource* ce que l'acteur peut mobiliser pour résoudre son problème ; on qualifiera de *contrainte* ce qu'il doit affronter. Il en résulte qu'un acteur n'a jamais de ressources ou de contraintes abstraites : il n'en a que par rapport à ce qu'il cherche à obtenir. Ici encore pas de modèle substantif, et priorité à l'aléatoire, donc à l'écoute. Car le même élément de contexte qui est à un moment donné ressource peut devenir contrainte, et inversement. Tout dépend du problème que les différents acteurs cherchent à résoudre, et autour de quoi se nouent les relations. On remarquera d'ailleurs que cette capacité à transformer une contrainte en ressource, c'est précisément ce qu'on appelle, en management, la gestion des opportunités.

Il en est un exemple classique, souvent utilisé pour expliquer ce mécanisme aux jeunes étudiants : soit une organisation dans laquelle une règle décide que le travail débute le matin à 8 heures. Poser la question de savoir si pour l'employé X cette règle est une ressource ou une contrainte demeure abstrait tant que n'est pas connu le problème que lui-même ou son chef – pour faire simple – cherchent à résoudre. Si, le lundi matin X souhaite n'arriver qu'à 11 heures parce qu'il a à gérer quelque problème personnel, alors la règle précisant qu'il doit commencer à 8 heures est une contrainte. Elle va l'obliger à en passer par le bon vouloir de son chef qui va le négocier. Mais si le mardi, ce même chef demande à X d'être présent le mercredi dès 6 heures pour faire face à une urgence imprévue, alors cette même règle devient une ressource.

Cet exemple n'est pas anodin, et ramène à deux des thèmes centraux du débat : ce que sont les règles et les procédures dans une organisation d'une part, et la gestion du changement d'autre part. Sur le premier thème, on entrevoit que les règles et les procédures ne définissent pas ce que font les acteurs. Ceux-ci les utilisent comme des ressources et des contraintes, se les approprient, et au sens sociologique, jouent avec.

Ce n'est pas nouveau[1] : structures formelles, règles écrites ou coutumières – culture dirait-on parfois rapidement – constituent le contexte de l'acteur, auquel il s'ajuste avec l'intelligence que nous lui connaissons. Mais nous pouvons franchir un pas de plus : l'ajustement intelligent de l'acteur se porte non seulement sur la stratégie – le contexte ayant été modifié, j'adapte ma stratégie – mais aussi sur le problème à résoudre, ce qui finalement ouvre beaucoup plus de possibilités en matière de conduite du changement. L'ordre d'exposition que nous avons choisi – acteurs, problème à résoudre, ressources, contraintes et stratégie – est en effet de nature pédagogique. Il ne reproduit pas obligatoirement le raisonnement d'un acteur que son intelligence conduit tout naturellement à donner la priorité aux moyens plutôt qu'aux fins. Pour le dire plus brutalement, il se fixe les objectifs du possible, ceux qu'il pense pouvoir atteindre dans le contexte dans lequel il se trouve. Le résultat est qu'une modification de ce contexte amène l'acteur à changer ses priorités, à se fixer de nouveaux problèmes et après, mais après seulement, à y adapter sa stratégie.

Un exemple simple : prenons un groupe de participants venant de différents États des États-Unis, et suivant un séminaire d'une semaine sur le campus de Bloomington, Indiana. Ils sont venus par avion, puis ont emprunté une limousine et n'ont donc pas sur place de moyen de transport autonome. Lors de leur première soirée libre, cette « contrainte » va les conduire à se fixer comme problème à résoudre de passer la meilleure fin d'après-midi possible à Bloomington. Supposons maintenant un professeur qui annonce, avant la fin de la session de l'après-

---

1. C'est en effet un thème récurrent de la sociologie des organisations. Renvoyons pour une discussion plus approfondie à Erhard Friedberg : *Le Pouvoir et la règle, op. cit*

midi, son intention de se rendre dès la fin des cours à Indianapolis pour y dîner ou y assister à un match de basket ou de football. Tel participant peut considérer ce professeur comme une ressource qui lui permet de se fixer un nouvel objectif – aller passer la soirée à Indianapolis – sans d'ailleurs qu'il ait besoin de savoir ce qu'il va faire là-bas pour y aller. Il le découvrira une fois qu'il y sera. On voit que cette problématique ouvre des pistes importantes pour l'introduction du changement dans les organisations : le fait que les acteurs intelligents se fixent finalement les objectifs du possible amène à considérer les différents éléments du contexte comme autant de leviers sur lesquels il est possible d'agir de telle sorte que les acteurs modifient, et leurs priorités, et leurs stratégies.

Cela nous permet de comprendre en particulier pourquoi les règles de gestion des ressources humaines, prises au sens large – rémunérations, modes d'évaluation, promotions, etc. – sont un formidable réservoir d'opportunités, lorsqu'il s'agit de transformer les organisations en général, et les bureaucraties en particulier. C'est ce qu'ont bien compris les banques d'affaires américaines, qui fixent comme premier critère d'évaluation de leurs opérateurs la capacité à coopérer : surprenant dans un monde où le quantitatif est roi ! Les banques mesurent cette capacité à travers, par exemple, le volume d'affaires qu'un chargé de clientèle apporte à ses collègues, ou le nombre de clients pour lesquels il travaille en commun avec d'autres membres de son organisation. Dans un tel contexte, la coopération n'est pas plus naturelle que dans une autre bureaucratie classique, mais elle devient une stratégie adaptée pour des acteurs dont on a, par l'utilisation de ces leviers, fait évoluer le problème à résoudre. De la recherche à tout prix de l'autonomie, ils sont passés à la nécessaire coopération pour satisfaire aux critères sur lesquels ils sont appréciés.

Ajoutons pour en terminer avec l'explicitation des ressources et des contraintes, qu'on doit y inclure les autres acteurs. Cela n'a bien sûr rien à voir avec l'affectivité, même si nous avons tout naturellement tendance à « bien aimer » nos alliés et à détester ceux qui se trouvent en position de nous barrer la route. Mais dans les organisations, les alliances et les oppositions, comme les autres éléments du contexte, se renversent.

Reste le concept de stratégie, qui a déjà été largement développé. On peut le définir, en résumé, comme *le calcul rationnel que fait l'acteur, pour résoudre le problème qui lui paraît le plus atteignable ou prioritaire, en fonction de l'évaluation qu'il a de ses ressources et de ses contraintes.* Calcul n'est pas employé ici au sens de « calculateur ». L'acteur ne se prend que très rarement la tête entre les mains pour se demander ce qu'il doit faire. Il aurait d'ailleurs autant de chances de se tromper que par l'ajustement spontané ! « Calcul » exprime la liberté d'un acteur, jamais complètement coincé, toujours à même de préserver tout ou partie de son imprévisibilité et qui doit faire en permanence des choix qui s'expriment à travers sa stratégie. Cette idée de choix, dans le management quotidien, est toujours difficile à accepter, parce qu'elle implique la responsabilité profonde de celui qui le fait et qui, bien sûr, préfère affirmer que sa décision correspond à « la seule solution possible » et que, par conséquent, chacun à sa place aurait fait la même chose. Ce n'est pas le cas, et c'est pourquoi le pilotage des organisations est un exercice aussi difficile, voire peut-être finalement impossible, si on l'entend au sens volontariste que l'on donne volontiers à ce mot. Les organisations n'obéissent en effet pas à un ensemble de prescriptions claires que les acteurs suivraient parce qu'elles seraient justes, logiques ou raisonnables. Elles sont un ensemble de stratégies rationnelles qui s'élaborent au fil du temps les unes par rapport aux autres, et sur lesquelles chaque modification de contexte vient peser d'une façon que nous percevons la plupart du temps comme imprévisible ou aléatoire, parce que nous n'avons pas investi dans la connaissance préalable des systèmes humains. Nous n'avons pas le temps, et c'est parce que nous n'avons pas le temps que nous en perdons autant.

Qu'on nous permette un dernier conseil à ceux qui souhaitent utiliser le cadre de références qui vient d'être présenté. Parce que la réalité est d'une grande complexité, nous avons proposé une grille, qui comporte des cases à remplir. Cela rassure parce que la nature a horreur du vide. Mais il a été souligné que l'important n'est pas cette grille elle-même, qui ne doit pas être réifiée, comme un outil totalement fiable ou laissant peu de place à l'erreur. L'important, répétons-le, c'est le raisonnement. S'il est bien compris, alors oublions la grille. Si on veut l'utiliser, rappelons simplement trois principes :

1. Y laisser des « trous » est légitime. Cela peut aussi bien traduire la faiblesse des ressources ou des contraintes d'un acteur – le point d'interrogation est très parlant – que notre propre manque d'information ou de compréhension.

2. Elle ne se remplit pas de façon bureaucratique en partant de l'acteur A, son problème à résoudre, ses ressources, etc. puis l'acteur B et ainsi de suite. Elle s'utilise comme un puzzle, par essai / erreur, par aller-retour, elle se complète petit à petit.
3. Surtout, elle n'est pas une fin, mais un moyen, celui de comprendre le ou les problèmes. Dans l'exemple utilisé pour illustrer le premier chapitre, celui des transports terrestres publics de marchandises en France, la grille nous aurait permis de mettre au jour que la fraude est une stratégie rationnelle pour les routiers les plus démunis, comme la sous-traitance des demandes les plus complexes en est une pour ceux qui le sont moins. Mais là ne s'arrête pas le travail. Le problème, c'est que ces stratégies se développent parce que leur coût en est externalisé sur le grand public par l'intermédiaire de l'acteur « compagnie d'assurance ». Passer de la grille au ou au(x) problème(s) : c'est la démarche d'écoute.

7

ÉCOUTER LES BUREAUCRATES POUR CHANGER LES BUREAUCRATIES

Il s'agit maintenant, à travers le cas qui va servir de fil directeur à ce dernier chapitre, de dépasser l'alliance fondamentale, structurante, entre les dirigeants des bureaucraties, d'une part, et les consultants que nous appelons « classiques », ceux qui se focalisent sur le process, les structures, les procédures, d'autre part. Les premiers, la plupart du temps brillants, intelligents[1]... et parfois cyniques, sont affolés par l'ampleur de la tâche. Ils ne voient pas bien pourquoi ils réussiraient là où tant d'autres ont échoué, confrontés qu'ils sont à une base immobile, accrochée à ses derniers privilèges et toujours prompte à suivre des organisations syndicales, elles-mêmes construites autour de ces bureaucraties et bien adaptées à leurs fonctionnements, leurs cloisonnements et leurs métiers. Ils comprennent la nécessité de changer mais, comme cela a été souligné, ils ne perçoivent la plupart du temps le changement que sous deux angles :

- soit à travers des plans généraux et globaux qui s'avèrent tellement complexes à concevoir et surtout à mettre en œuvre qu'ils ne voient jamais le jour – auquel cas, on s'en remet implicitement à la crise comme fenêtre d'opportunité pour introduire le changement et le coût humain en est artificiellement accru ;

1. Au sens français du terme, tel que nous l'avons défini au chapitre précédent.

- soit en s'attaquant aux symptômes, de façon ponctuelle, la plupart du temps, à l'aide de modèles normatifs, dont on a cru repérer que dans tel ou tel cas particulier (faible productivité, hausse du taux de panne, détérioration de la marge, etc.), ils ont donné de bons résultats.

De telles approches sont une manne pour les consultants, devenus de vrais spécialistes de ces *best practices*, et pour lesquels, par définition, il est beaucoup plus rentable de travailler sur l'aval que sur l'amont, sur la reconfiguration complète et exhaustive du process que sur la connaissance préalable des problèmes. Celle-ci en effet est porteuse d'humilité et engendre donc des contraintes dans le travail (il faut écouter, réfléchir, renoncer aux solutions connues et maîtrisées). Ce que l'on peut apporter aux organisations en réalité, ce sont des méthodologies de connaissance et de mise en œuvre, des aides à la définition de « parcours du changement », en situation aléatoire où l'on ne maîtrise pas ce que l'on va trouver et produire. Ces méthodologies ne justifient pas l'appel à de gros bataillons d'intervenants extérieurs, mais un investissement aride, exigeant, patient, dans la durée. On peut néanmoins faire le pari qu'il y a là la source d'une forme rénovée de conseil, à laquelle les nouvelles contraintes des organisations ouvriront une porte de plus en plus large. En d'autres termes, l'alliance évoquée plus haut est celle qui se fait autour du passage rapide du symptôme à la solution, qui permet aux dirigeants d'affirmer qu'ils s'occupent de choses concrètes, aux consultants de vendre leurs « produits » et à chacun d'éviter de s'intéresser aux problèmes qui s'intercalent – devraient s'intercaler – entre le symptôme et les solutions. Or c'est précisément pour comprendre ces problèmes qu'il faut écouter les bureaucrates et pour cela revenir aux outils qui viennent d'être développés.

Utiliser un cadre de référence, des concepts, pour écouter peut paraître paradoxal. Aujourd'hui, en effet, le thème de l'écoute s'est banalisé et fait l'objet d'approches assez « plates » et générales. La perspective est de se rapprocher de son client parce que le marché et la concurrence l'exigent, ou d'être attentifs à ses employés pour les motiver et garder les meilleurs. L'écoute devient alors, selon le champ dans lequel on l'exerce, soit un dérivé du marketing, soit un avatar supplémentaire des méthodes modernes de management. Elle est aussi parfois considérée comme une des qualités intrinsèques du leader[1], au même titre par

1. Voir Warren Bennis et Burt Nannus : *Leaders : strategies for taking charge*, *op. cit.*

exemple que la capacité à définir et à faire partager une « vision ». Dans cette perspective, elle relèverait finalement d'une disposition d'esprit particulière qui pourrait éventuellement s'acquérir, pour peu que l'on réussisse à convaincre les gens qu'il est mieux d'être ouvert aux autres. Les techniques utilisées – dans le management interne, par exemple – sont alors celles de la consultation, du recueil d'opinion ou, à une plus large échelle, celles du sondage et des études de moral.

L'écoute stratégique

Sociologiquement, l'approche est toute autre. Le raisonnement stratégique et systémique, tel qu'il a été exposé au chapitre précédent, permet d'aller plus loin, de poser les problèmes en termes différents, à la fois non abstraits et extrêmement pratiques.

Nous avons déjà montré dans cet ouvrage[1] que l'écoute peut avoir un sens organisationnel lorsqu'il s'agit non seulement d'appréhender ce que veut le client, mais d'y répondre. Nous l'avons souligné, la réponse à la question « qu'est ce qu'une organisation qui écoute ? » n'est ni structurelle, ni fonctionnelle, ni procédurale. On n'écoute pas du sommet à la base ou par l'intermédiaire de cellules spécialisées, mais au travers de modes de fonctionnement. On pourrait même, avec un peu d'humour, se demander, lorsque l'écoute a été confiée à un organe *ad hoc,* qui écoute celui qui écoute et comment... Sur ce thème, l'analyse des organisations a déjà dit beaucoup de choses, sans forcément employer le mot. L'étude des bureaucraties classiques administratives par exemple, a permis de souligner que plus une organisation jouit d'un monopole absolu et plus sa logique de fonctionnement interne l'emporte sur sa logique de mission. Dans ce cas, l'écoute de l'environnement est faible, la plupart du temps parcellisée, et ce qui est appris est rarement diffusé. De même, a-t-on noté qu'une organisation écoute d'autant plus son marché que ses membres ont intérêt à le faire, par rapport à leurs propre enjeux au sein de l'organisation. Ils en tirent autonomie et pouvoir, comme nous allons à nouveau le vérifier dans l'exemple de la Banque européenne de Développement.

1. Voir chapitre 2, le cas de la Compagnie britannique de restauration.

Individuellement, l'écoute est la mise en œuvre, dans le contact avec les autres, que ce soit dans son univers de travail ou ailleurs, d'un mode de raisonnement[1]. Celui-ci se traduit par une appréhension du discours ou des comportements des autres plus analytique que normative ou immédiatement instrumentale. Le problème n'est pas celui du tort ou de la raison, de la justesse ou de l'erreur ; il est celui de la capacité à entendre la réalité que l'acteur qui parle ou agit voudrait transmettre. Il consiste donc en la prise en compte de la dimension stratégique – au sens sociologique bien sûr – du discours et du comportement de l'acteur.

En ce sens, l'écoute est une capacité qui s'acquiert à travers le raisonnement stratégique. Son résultat n'est pas de répéter aux acteurs, de façon plus ou moins synthétique ou détaillée, ce qu'ils ont dit : lorsque l'on fait cela, ils sont déçus et ont à juste titre le sentiment de ne pas avoir été compris. Il est, à partir de la comparaison des discours et des actes, de passer de ce qu'expriment ces acteurs, leurs sentiments, à la compréhension de leur réalité, ce que depuis le début de cet ouvrage nous appelons l'organisation.

Travailler sur des discours, que ce soit à travers des entretiens spécifiques ou les échanges quotidiens qui jalonnent la vie de travail, c'est-à-dire comparer et mettre en parallèle des perceptions différentes de la même réalité, en interpréter le sens stratégique, et de là passer au système, correspond à ce qui est appelé ici la « démarche d'écoute ». On observera par ailleurs que cette démarche s'appuie sur une capacité, la maîtrise du mode de raisonnement, et que cette capacité ne devrait pas être l'apanage des spécialistes, mais bien plutôt un savoir faire du management qui lui permet la perception du concret. Car, sans perception de cette « réalité vraie », non seulement il y a rarement de bonne décision, mais surtout il n'y a pas de bonne anticipation, ni de maîtrise des effets induits par la décision. Tout comme l'ingénieur ne se contente pas de l'apparence pour prévoir la résistance des matériaux, nous avons besoin d'une vraie connaissance des systèmes que nous voulons changer pour prévoir leur réaction à ces changements, surtout lorsqu'ils atteignent le degré d'homéostasie de la plupart des bureaucraties.

1. Voir chapitre 6.

La BED : un cas de clair-obscur

Cette démarche va être illustrée par un exemple particulièrement parlant de la difficulté que les dirigeants éprouvent à comprendre le fonctionnement des organisations dont ils ont la charge, des malentendus qui en résultent, et finalement du « monde virtuel » qui se constitue et sur lequel les responsables n'ont que peu de prise, ce qui justifie l'agitation dont ils font preuve.

On verra que c'est le coup de projecteur mis sur les problèmes qui permet de réfléchir aux marges de manœuvre effectives dont on dispose, de repérer les leviers sur lesquels on peut agir et de construire les discours sur le changement qui auront du sens pour les acteurs, parce qu'ils seront le résultat d'une véritable écoute. Le cas sera présenté ici de façon didactique afin d'illustrer clairement l'utilisation du cadre de référence proposé au chapitre précédent.

La Banque Européenne de Développement (BED) perd à la fois de l'argent et des clients en cette fin des années 90. Ces symptômes justifient l'appel à des consultants extérieurs.[1] Cette banque a été créée à la fin des années 50 et elle est fortement représentée dans les pays d'Europe du Sud, Espagne principalement, mais aussi Italie et Portugal. Le siège est installé à Madrid et grâce à un maillage commercial très important dans ce pays, par l'ouverture systématique d'agences, la BED a connu un succès rapide auprès d'une clientèle de particuliers : un millier de points de vente sont répartis un peu partout sur le territoire, y compris dans les endroits les plus reculés du pays. Sur le plan commercial, la BED n'a rien à envier à ses concurrentes : elle dispose d'une offre riche et complète qui lui permet de couvrir les besoins de tout type de clientèle, depuis les clients les plus modestes jusqu'à ceux disposant d'avoirs financiers ou immobiliers importants.

Lorsqu'on se penche sur l'organisation formelle, on est frappé par son apparente clarté, de même que par l'existence d'une procédure budgétaire qui semble au point et bien rodée. Le réseau espagnol possède une structure matricielle qui s'articule autour des caractéristiques suivantes :

1. La plupart des grands cabinets internationaux interviennent dans cette banque qui consacre des sommes considérables au conseil. Au départ, notre intervention a été perçue comme marginale, destinée avant tout à effectuer un diagnostic dit « social ». Ce travail a été réalisé par une équipe dirigée par Dominique Gatto (Bossard Consultants)

- À sa tête, la direction du réseau Espagne (DRE) est dotée de toutes les grandes fonctions qui doivent lui permettre de piloter efficacement l'ensemble : marketing, commercial, logistique, ressources humaines, finance et contrôle de gestion. La nomination des responsables de ces grandes fonctions est du ressort du directeur de la DRE, qui, lui-même, dépend du directeur général de la banque, ayant en charge les différents réseaux.
- Le réseau espagnol est divisé en 10 grandes directions régionales (DR) ayant chacune à leur tête un directeur régional rattaché hiérarchiquement au directeur de la DRE. Chacune de ces régions est elle-même structurée sur un modèle identique à celui de la DRE : les mêmes fonctions y sont représentées, avec à leur tête des responsables nommés par le directeur régional, dont ils dépendent hiérarchiquement et qui est donc chargé de leur notation et de leur évaluation.
- Les directions régionales sont elles-mêmes classiquement divisées en directions de groupes d'agences (DGA), chaque région en possédant en moyenne 8 à 10. Chacune de ces DGA est sous l'autorité d'un directeur de groupe qui a en charge, sur son territoire, la gestion financière et humaine ainsi que le développement commercial des agences.
- Quant aux agences, elles ont une organisation simple et plate. Elles comprennent généralement une dizaine de personnes, réparties entres un directeur d'agence, des conseillers commerciaux et des guichetiers.
- La clientèle a été structurée en quatre segments, classés de 1 à 4, le segment 1 représentant les clients les plus intéressants. Chacun de ces segments est géré par un conseiller commercial : les portefeuilles des clients de niveau 3 et 4 sont confiés aux plus jeunes des conseillers et ceux des niveaux 1 et 2 aux plus expérimentés. Les directeurs d'agence n'ont pas dans leurs attributions de gestion directe des portefeuilles de clients. Ils sont en revanche chargés, selon leur définition de fonction officielle, de soutenir les conseillers commerciaux dans la vente des produits et services et, plus généralement, de contribuer au développement commercial de leur agence, ce qui est finalement une formule bien vague.

Schématiquement, les procédures budgétaires sont les suivantes : la direction générale de la BED fixe les grandes orientations stratégiques, notamment en matière de volume d'affaires. Dans la réalité ces orientations correspondent à ce que le réseau Espagne indique comme potentialités du marché, à partir des informations remontées du terrain. Sur cette base, la DRE élabore une lettre de cadrage, précisant pour chaque région, les résultats attendus sur un certain nombre de critères tels que les niveaux de rentabilité et le développement du Produit Net Bancaire (PNB). Puis la procédure suit la ligne hiérarchique, chaque niveau déclinant les objectifs fixés par le niveau supérieur, suivant le modèle classique de la direction par objectifs (DPO). En fin de course, le directeur régional consolide les prévisions faites par ses collaborateurs et élabore un budget régional, qui consolidé à nouveau au niveau de la DRE, est soumis pour validation définitive à la direction générale de la BED. Si, en cours d'année, des écarts sont constatés entre la réalité et les prévisions, c'est au directeur régional qu'il appartient de prendre les mesures nécessaires.

Depuis quelques années, la BED est confrontée en Espagne à des difficultés non négligeables : un certain nombre d'investissements hasardeux effectués durant les belles années des « bulles spéculatives immobilières et financières » ont mal tourné et la presse nationale et internationale s'en est emparé, donnant progressivement à la banque une image détestable de mauvaise gestion. D'autre part, le Produit Net Bancaire (PNB) ne cesse de décroître, contrairement à ce qui se passe chez les principaux concurrents, et la clientèle, bien que considérée par les responsables comme globalement fidèle, s'érode lentement mais sûrement. Sa rentabilité a du mal à se stabiliser au point d'équilibre, ceci malgré de très importants efforts engagés pour réduire les coûts d'exploitation et gagner en productivité. Il en résulte un climat social détérioré qui se traduit par un malentendu de plus en plus profond entre un personnel qui ne comprend pas pourquoi ni comment, malgré ses efforts, la situation ne cesse de se dégrader, et des dirigeants qui font toujours plus pression pour que les conseillers commerciaux « collent » aux clients. Comme toujours en pareil cas, toutes les rumeurs circulent et les organisations syndicales se font pressantes sur les conditions de travail et les garanties d'emploi, de carrière et de salaire, dans un univers où les modalités de gestion du personnel sont héritées d'un passé largement bureaucratique, et en tous les cas sans lien direct avec les résultats.

Devant ces difficultés, les dirigeants restent perplexes : ils constatent la présence d'un décalage entre la nécessité d'agir vite et en profondeur, et le comportement de leurs collaborateurs qui, d'une part, n'ont pas pris la mesure de la gravité de la situation et, d'autre part, semblent traîner des pieds lorsqu'il s'agit de se fixer des objectifs ambitieux. Ce sentiment se retrouve à tous les niveaux de la hiérarchie, chacun pensant que l'échelon inférieur se protège, minimise les risques et ne dit pas toute la vérité sur les développements commerciaux possibles.

Verbatim

Laissons maintenant la parole aux différents acteurs en retenant de leurs discours, les éléments qui ont permis de reconstituer le fonctionnement du système[1], ou, en d'autres termes, de comprendre les stratégies de ces acteurs, leur articulation les unes par rapport aux autres, et ce qui en résulte du point de vue de la performance de l'entreprise.

1. *Les clients* se disent largement informés par les médias des problèmes de la banque. Ils en discutent avec les conseillers commerciaux, mais admettent n'envisager de quitter la banque qu'en cas de forte dégradation. Ils apprécient la façon dont ils sont traités, et en attribuent le mérite aux conseillers commerciaux qu'ils différencient de la BED, décrite comme une institution lourde et bureaucratique. Chaque client parle de « son » conseiller commercial et de la satisfaction qu'il trouve dans une relation qu'il considère souvent comme plus amicale que professionnelle :

> « Mon conseiller commercial n'hésite pas à me téléphoner quand une offre est nouvelle et qu'elle pourrait m'intéresser. Il faut dire que je n'hésite pas moi-même à lui confier mes projets et mes problèmes. C'est une confiance réciproque. »
>
> « Je suis content de la manière dont mes comptes sont suivis. Le commercial qui s'occupe de moi est toujours disponible et prêt à trouver de bonnes solutions. Il lui est aussi arrivé de me faire des ristournes, comme la carte de crédit de mon conjoint, ou de me faire des facilités de caisse gratuites. »

Il y a, bien sûr, des clients insatisfaits, mais la plupart du temps, cette insatisfaction vise moins l'interlocuteur direct que la banque dans son ensemble.

> « Le mois dernier, j'avais besoin d'un crédit dans des délais très courts. Le conseiller a bouclé le dossier dans la journée en me disant qu'il n'y aurait pas de problème. Mais les services administratifs ont demandé des papiers supplémentaires. Il a fait tout ce qu'il a pu mais on s'est heurté, tous les deux, aux lourdeurs de la maison. »

---

1. Nous ne présentons ici, bien entendu, que quelques extraits d'entretiens. Dans la réalité 150 entretiens ont été réalisés, ce qui représente environ 2000 pages d'informations. Sur les aspects méthodologiques nous renvoyons à Erhard Friedberg : *L'Analyse sociologique des organisations, op. cit.*, p. 103-122.

Finalement, quelques clients, bien que très minoritaires, sont très mécontents de l'ensemble, soit parce qu'ils se sont trouvés en face de commerciaux incompétents, soit parce qu'on leur a proposé des produits sans véritablement se soucier de leurs besoins réels.

2. Interrogés, *les conseillers commerciaux* se montrent à la fois critiques sur la Banque, satisfaits du fonctionnement des agences et parfois peu à l'aise lorsqu'il s'agit de décrire la relation aux clients. Le discours négatif qu'ils tiennent sur leur entreprise est classique et vise tous les échelons(régions et direction du réseau). Il porte sur les travers technocratiques de gens coupés du terrain, qui multiplient projets et décisions inadaptés et contradictoires ; il souligne les lacunes du *back office* et du système informatique.

> « Depuis que nos difficultés sont devenues publiques, on a l'impression que nos responsables s'affolent. Ils multiplient les priorités et les projets de redressement, les exigences administratives, en plus sans se consulter entre eux, et alors plus personne ne s'y retrouve. »
>
> « Il faut en permanence tenir compte de nouvelles directives ou produits et pour nous ce sont des ennuis supplémentaires, car cela ne nous aide pas à travailler avec les clients. Il y a tellement de choses qu'on ne peut pas tout faire, alors on sélectionne. Mais on finit par se dire que nous sommes les seuls, dans cette banque, à nous préoccuper du client. »

Sur les agences, les discours sont beaucoup plus positifs et soulignent à la fois la coopération entre les personnels et le rôle finalement apprécié joué par le directeur.

> « On s'entend bien entre nous, heureusement, car c'est la condition pour résister aux pressions désordonnées qui viennent de la hiérarchie supérieure. Le directeur de l'agence est vraiment très bien. Il nous aide dès qu'on a un problème avec le reste de la banque. Pour le reste, il nous fait confiance pour gérer les clients. »
>
> « Il y a deux choses qui comptent dans l'agence : bien s'entendre et réaliser les objectifs commerciaux. On fait tout pour y parvenir. Si l'un d'entre nous a du mal, on l'aide. Par exemple, on lui transfère une partie des objectifs réalisés avec nos clients. »

La relation aux clients paraît plus complexe. Elle est comme toujours dans les organisations de ce type[1] une source de satisfaction, mais en même temps, elle est perçue comme source de difficultés.

1. C'est un « classique » des bureaucraties. Voir François Dupuy et Jean-Claude Thoenig : *L'Administration en miettes, op. cit*

> « Les clients sont de plus en plus exigeants et difficiles, on ne peut plus leur vendre n'importe quoi. Il faut faire attention… En plus, ils savent bien qu'on a des intérêts commerciaux et avec les difficultés actuelles de la banque, ils tentent de négocier sur tout. »
>
> « Le plus important, c'est notre autonomie commerciale. On en a besoin pour bâtir notre crédibilité auprès des clients, car ils veulent avoir un interlocuteur unique qui puisse répondre vite à leurs demandes. C'est pourquoi on évite d'impliquer la hiérarchie. »
>
> « Il y en a qui vendent tout et rien avec les moyens du bord et en ne faisant pas payer les services rendus aux clients. Mais c'est contreproductif par rapport au redressement de la BED. Mais tant qu'ils vendent des produits et que les clients sont fidèles, tout le monde ferme les yeux. La concurrence est dure en Espagne. »

3. On ne peut qu'être frappé par la lucidité des *directeurs d'agences* qui évaluent bien leur position délicate entre des commerciaux qui veillent farouchement sur leur autonomie et face à laquelle ils n'ont que peu de moyens, et une hiérarchie qui, sans être tatillonne avec eux, multiplie projets et plans d'action contradictoires.

> « Notre hiérarchie nous demande un suivi toujours plus serré des ventes et des marges bénéficiaires. Mais les commerciaux ne veulent pas en entendre parler car ils expliquent que c'est une remise en cause de leur autonomie dans le travail, que cela va contre l'intérêt des clients. »
>
> « Il faut que nos dirigeants acceptent l'idée que tous leurs projets fragilisent les agences. Mais en fait, ma hiérarchie régionale me laisse assez tranquille. Tant que je réalise les objectifs, que je ne perds pas trop de clients, qu'il n'y a pas de problème majeur dans l'agence, je peux la manager comme je l'entends. »
>
> « Je veux bien suivre les directives de nos dirigeants, mais il nous faudrait des moyens pour le faire. Comment pourrais-je être écouté des commerciaux qui considèrent que le client, c'est tabou et ça ne se partage pas, alors que je n'ai quasiment pas de moyens pour sanctionner leurs résultats ? Leur carrière est décidée ailleurs et on ne sait jamais si elle dépend de leurs résultats ou d'autres considérations. En plus, maintenant que la croissance n'est plus là, les évolutions rapides de carrière sont terminées et les commerciaux le savent bien. Je préfère obtenir leur bonne volonté plutôt que d'entrer en conflit avec eux. C'est pour ça que je suis obligé de ne pas être totalement transparent avec la hiérarchie. »

4. *Le management du réseau* (directeur de groupe, directeur de région et cadres de la DRE) paraît perdu en face de ce qu'il considère comme

un mur d'incompréhension de la part des personnels et prêt à baisser les bras devant l'opacité d'un système sur lequel il admet n'avoir pas de prise.

> « On ne sait pas très bien ce qui se passe dans les agences. Lorsqu'on réunit les directeurs pour leur expliquer la gravité des difficultés, on les sent prêts à se battre. Et puis, une fois qu'ils retournent dans leurs agences, ils redeviennent silencieux. Il faut toujours les appeler pour avoir des informations. »
>
> « C'est très difficile de mettre en doute la parole d'un directeur d'agence. Si je leur dis qu'à mon avis, ils exagèrent leurs problèmes, il me faut d'abord en être sûr. Mais franchement, je n'ai pas assez d'informations pour en juger. »
>
> « On vit une sorte de paradoxe. Il faut évoluer et pour cela nous avons besoin d'une plus grande transparence des agences. Mais en même temps, plus elles se referment sur elles-mêmes et plus il est tentant de s'abriter derrière cette opacité pour éviter de prendre de trop grands risques. »

Rompre le cercle vicieux

Telles sont les données premières de cette situation complexe, dans laquelle on remarquera qu'hormis au sein de l'agence, lorsque des collègues doivent s'entraider, peu d'informations circulent, et chacun considère l'autre comme responsable de l'état général de la banque. Les commerciaux se méfient d'une hiérarchie irréaliste qui ne comprend rien, et celle-ci, du moins à ses niveaux supérieurs, balance entre la nécessité d'accentuer la pression pour tirer le maximum des clients, et le désir de sévir sérieusement contre ces irresponsables qui passent leur temps à cacher la copie. En d'autres termes, cet univers est fait de rancœur et de non-dit ; chacun a sa propre interprétation des défaillances des autres et du système, et personne n'écoute personne.

Rompons ce cercle vicieux et, à partir des éléments présentés, tentons de comprendre sérieusement ce qui se passe. Il s'agit à la fois de donner aux acteurs le sentiment réel qu'ils ont été écoutés – qu'on a compris leur réalité – et en même temps de leur permettre d'atteindre un minimum d'accord sur la nature profonde des problèmes que rencontre l'entreprise, ce qui devrait faciliter la recherche collective de solutions.

Pour ce faire, intéressons-nous d'abord aux relations entre les acteurs telles qu'elles ressortent des quelques extraits d'entretiens qui viennent d'être présentés. On peut les schématiser de la façon suivante, sachant que le signe + indique une relation positive, que le signe – marque une relation ou une perception négative ou dégradée, et que le signe = traduit une neutralité, un faible contenu, voire une absence de contact.

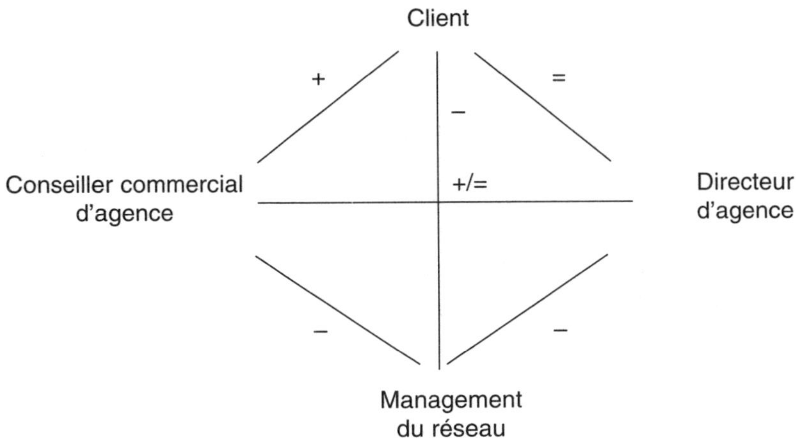

Ce petit graphique permet de mettre en évidence quelques éléments clé et de bien préparer l'analyse. La seule relation vraiment positive, à fort contenu, est celle qui unit le client et le conseiller commercial. Ce n'est pas une surprise, car chacun y trouve son compte : le conseiller commercial fait son travail de contact et de service, et le client a un interlocuteur privilégié, qui non seulement lui prête une oreille attentive, mais encore comprend apparemment ses problèmes.

En revanche, les autres relations laissent perplexes. Même si les clients n'ont pas de contact direct avec le management du réseau (DGA,DR ou DRE), ils en ont une perception très négative. Sans doute une telle perception leur est-elle utile dans leur face à face avec les conseillers commerciaux. Elle leur permet de souligner leur extrême fidélité à une banque, dont toute la presse s'accorde à reconnaître la mauvaise gestion. C'est un bon argument de négociation. En même temps, mais le paradoxe n'est qu'apparent, on comprend que les conseillers participent à l'élaboration de cette perception négative de leur propre banque par les clients. Cela leur permet de mettre en relief leur exceptionnelle souplesse et disponibilité, dans un ensemble sclérosé et bureaucratique qui ne les aide pas. En quelque sorte, et pour caricaturer, quand un client entame la conversation sur le thème « Vous travaillez dans une banque qui semble bien mal gérée », les conseillers répondent « c'est bien pire que ce que vous croyez ».

On observera en outre que ce qui a été ici réuni sous le vocable de « management du réseau » est rejeté par l'ensemble des autres acteurs, tenu à distance, critiqué et condamné.

Les directeurs d'agence enfin ont avec les commerciaux de bonnes relations pour autant qu'ils ne se mêlent pas trop de leurs affaires, d'une part, et qu'ils leur apportent les ressources dont ils ont besoin, d'autre part.

Une dernière remarque permettra de souligner la « coopération paradoxale » au sein des agences : on s'y échange les résultats lorsque l'un des membres est en difficulté, ceci pour éviter toute ingérence de l'extérieur, mais on ne s'y partage jamais le client.

Du point de vue de l'analyse maintenant, on aura compris que l'acteur clé est le conseiller commercial. Il contrôle une ressource cruciale – l'incertitude pertinente dans ce système – qui est l'accès au client, dont il a et entretient le monopole. Tant qu'il est le seul à disposer de cette ressource, qu'il ne partage avec personne, ni avec ses collègues, ni *a fortiori* avec le chef d'agence, il demeure libre et autonome. Il organise son travail et son temps comme il le souhaite, travaille au rythme qu'il décide, et évite tout contrôle. Son comportement peut presque s'assimiler à celui d'un membre de profession libérale. Pour préserver cette autonomie (dont nous avons déjà eu l'occasion de souligner à quel point elle est précieuse pour les acteurs, surtout dans les bureaucraties dans lesquelles rien ne pousse à la coopération), les commerciaux développent deux stratégies facilement identifiables :

- d'une part, ils ne communiquent aucune information au reste de l'organisation. Or, comme ils sont les seuls contacts avec la réalité du marché, ils établissent *de facto* une complète opacité dans laquelle se meut le reste de la banque ;
- d'autre part, pour garder leurs clients, s'attacher leur fidélité et leur reconnaissance, pour se distinguer du reste de l'organisation, mais aussi – dans leur esprit – pour la sauver du désastre qui la menace, ils consentent à ces clients rabais et non facturation des services, qui altèrent d'autant le résultat final de l'entreprise.

Ce n'est pas le moindre paradoxe de cette organisation, ni le moins surprenant des cercles vicieux que l'on y trouve ! Voilà des conseillers commerciaux sur lesquels on effectue des pressions de plus en plus fortes pour qu'ils soient proches des clients afin de redresser le chiffre d'affaires et la rentabilité, et pour ce faire, ces mêmes conseillers consentent toujours plus d'avantages à leurs interlocuteurs, accroissant ainsi les difficultés contre lesquelles ils veulent lutter. Chacun fait de son mieux, tous les acteurs développent une stratégie rationnelle, personne n'entend plus personne et tout le monde se trompe. Soulignons ici, d'un point de vue méthodologique, deux points importants :

- tout d'abord, la stratégie de l'acteur considéré comme central est aisée à identifier, simplement parce que, d'une façon générale, dans les organisations, les stratégies sont d'autant plus claires que les acteurs disposent de ressources fortes ;
- ensuite, cette approche évite de se « scandaliser ». Le comportement des commerciaux n'est pas « scandaleux », « révoltant », « irresponsable », pour utiliser quelques-uns des termes entendus lors de la restitution de ce travail, et dont l'utilisation ne fait que bloquer les choses. Il est rationnel, c'est-à-dire lié au contexte dans lequel il se développe, ce qui permettra de réfléchir en termes de leviers d'action, et non pas de culpabilisation morale, de sanction, ou, si on veut être plus positif, de conviction.

Les directeurs d'agence supposés être en charge de l'animation – euphémisme bureaucratique, qui dans la réalité signifie « débrouillez-vous » – ont-ils les moyens d'intervenir dans le fonctionnement que nous venons de décrire ? Non, bien sûr ! Comme dans la plupart des bureaucraties classiques, ils sont « chefs » (vision hiérarchique), mais ne contrôlent aucun des deux éléments qui pourraient être source d'un pouvoir réel : l'accès au client, et l'évaluation des conseillers, leur promotion, leur rémunération, toutes choses qui relèvent de règles anciennes sur lesquelles ils n'ont aucune maîtrise. On comprend dès lors pourquoi ils ne peuvent avoir aucune distance vis-à-vis de leurs troupes qui leur échappent. Or, contrairement à une illusion psychologisante bien répandue, le management suppose un minimum de distance, qui crée de la ressource face à ceux que l'on doit gérer. Les directeurs d'agence, comme tout acteur intelligent, s'adaptent au contexte dans lequel ils se trouvent et deviennent des lobbyistes de leurs agents vis-à-vis du reste de l'organisation. Ils contribuent de ce fait à l'opacité générale, protègent leurs collaborateurs, exagèrent les problèmes rencontrés pour obtenir plus de moyens. Ils alimentent ainsi, inexorablement, le processus bureaucratique d'allocation des moyens. Celui-ci prend des proportions d'autant plus importantes que ceux qui le gèrent, sentant confusément que les informations dont ils disposent ne correspondent pas aux besoins réels, se réfugient davantage encore dans la procédure pour éviter toute prise de risque.

Plus généralement le management supérieur du réseau est victime à la fois de cette opacité et de l'autonomie de la base de l'organisation, mais en même temps il y contribue et l'entretient. Son propre cloisonnement, par lignes de produits par exemple, renforce la marge de jeu de ceux qui, dans la mise en œuvre de projets et de priorités toujours plus nombreux, mais mal adaptés et peu intégrés, doivent décider eux-mêmes de ce qu'ils appliquent ou n'appliquent pas, sans que personne ne puisse le leur contester, car c'est en définitive une des conditions de survie de la banque. Bref, la fragmentation du sommet accroît l'indépendance de la base, d'autant plus que ce sommet, privé de critères de jugement sur les actions à entreprendre par l'opacité du système, se « couvre » par la multiplicité des plans, des priorités, des actions, lancées au gré de ce que les uns et les autres croient devoir entreprendre pour que leur propre « tuyau » ne puisse être tenu pour responsable du résultat de l'ensemble.

Penchons-nous maintenant sur deux questions auxquelles la mise en évidence du système doit permettre de répondre et qui nous amènent à passer des symptômes au problème.

1. Pourquoi, dans un tel contexte qui leur est apparemment favorable, les clients quittent-ils néanmoins la BED, même lentement ?
2. Pourquoi, en outre, alors que les résultats ne sont pas bons chacun réalise-t-il ses objectifs ?

Le constat que les clients profitent de ce fonctionnement pour en tirer des conditions avantageuses est sans doute vrai, et on comprend qu'ils apprécient ces commerciaux toujours prêts à se battre pour eux, contre leur propre organisation. Cependant, ce jeu a une limite : il ne dure que pour autant que les besoins réels du client – qu'il les exprime ou qu'il ne les exprime pas – correspondent au portefeuille de produits qui entrent dans le champ de compétence du conseiller auquel il a affaire. Si tel n'est pas le cas, soit le client ne sera pas entendu et, tout en le regrettant, il ira s'adresser ailleurs, soit il sera compris mais c'est alors le commercial qui, plutôt que de perdre le monopole de la relation à son client au sein de l'organisation, préférera lui suggérer de s'adresser à la concurrence, au moins pour ce produit spécifique. La relation « plus amicale que professionnelle » qu'ils ont peu à peu nouée, lui suggère alors de sacrifier un gain possible au profit de la satisfaction de son interlocuteur. Pour résumer, on voit que dans cette banque, les chargés de compte vendent les produits qu'ils connaissent aux clients qu'ils connaissent. Perte de rentabilité et fuite des clients, en particulier des plus complexes, donc des plus profitables, en sont la conséquence. Le problème ici, c'est l'absence d'intérêt réel pour l'acteur qui monopolise la relation au client, à communiquer la moindre parcelle de sa connaissance.

Quant à la réalisation des objectifs, elle obéit à la même logique. Sortons un instant du processus formel d'élaboration des budgets pour regarder la réalité. Même si le cheminement est officiellement *top-down*, chaque niveau déclinant au sein de ses unités ce qui lui a été fixé par le niveau supérieur, dans la réalité les choses se passent différemment. Chaque unité, pour communiquer au sommet les informations qui seront nécessaires à l'élaboration du budget global, se renseigne auprès de ceux qui sont au contact du terrain. *In fine*, ce sont donc les conseillers commerciaux qui détiennent cette information vivante et qui l'utilisent avec intelligence pour minimiser leurs propres risques. La sous-estimation devient la règle et personne n'a les moyens de contrôler le bien-fondé des indications et prévisions qui ont été données. En d'autres termes, et pour faire bref, ce sont les commerciaux eux-mêmes qui fixent leurs propres objectifs et on comprend qu'ils les atteignent. Si on met ce point en regard de ce qui précède (vision systémique), on comprend pourquoi il n'y a aucune contradiction entre la capacité de chacun à « tenir son budget » et les pertes qui affectent l'ensemble.

L'existence de ce jeu n'a pas empêché la banque de développer un système extrêmement sophistiqué de procédures budgétaires, de *reporting* et de contrôle de gestion. Mais ce système s'agite dans le vide, « mouline » des données théoriques et produit un ensemble de statistiques qui sont le reflet d'une organisation « virtuelle ». Dans les bureaucraties, la virtualité du système de gestion est le pendant de l'opacité de l'organisation réelle. Cela n'empêche pas d'y consacrer des ressources humaines et financières tout à fait considérables.

Le couple infernal opacité-autonomie constitue bien le « problème » de cette organisation et la perte de clients ainsi que la faible rentabilité en sont les symptômes les plus voyants. Il n'y a dans ce problème aucune perversion des acteurs, aucune mauvaise intention. Il n'existe pas de complot destiné à conduire cette banque à sa perte. Chacun fait ce qu'il peut, s'active avec intelligence (au sens sociologique) pour sauver ce qui peut l'être. Ce ne sont pas les acteurs eux-mêmes qui sont en cause, mais l'interaction de leurs stratégies. Tous sont rationnels dans ce qu'ils font, nous les avons écoutés pour le comprendre, mais finalement rien ne marche dans la banque.

Une fois comprise la logique du système, la solution ne consiste ni à culpabiliser les acteurs dont on pense qu'ils sont « responsables », ni à chercher à les convaincre de faire autrement (leur stratégie traduisant leurs ajustements au contexte), ni à leur opposer les bons modèles de gestion. Souvenons-nous que les bureaucrates qui, comme dans cette banque, se protègent, rationnent l'information, trouvent des arrangements au détriment de l'intérêt général, ne choisissent généralement le mode de fonctionnement bureaucratique que par défaut, faute d'alternative. Ceux qui pourraient être éventuellement culpabilisés, ce sont les dirigeants qui ont laissé ces systèmes se constituer, ne veulent surtout plus écouter et se réfugient dans l'agitation.

Pour esquisser une comparaison, citons cette grande organisation employant 16 000 salariés travaillant de nuit, dans des conditions que l'entreprise elle-même reconnaît comme difficiles. Pour rendre la vie possible et acceptable, les salariés ont inventé des solutions (le fini/parti, par exemple[1]) qui ne relèvent pas des modèles classiques de gestion, et qui de ce fait ont progressivement exclu l'encadrement. Lorsque l'entreprise a voulu les « reprendre en mains » en leur imposant le retour des cadres, elle s'est heurtée à de farouches oppositions qu'elle a interprétées en termes de refus de travailler, de laxisme, etc. Elle n'a pas compris que, faute d'alternative crédible, c'est-à-dire prenant en compte les problèmes réels du travail nocturne dans ce secteur (double emploi, alcoolisme chronique), faute d'un discours qui ait un sens, les salariés avaient élaboré un univers réel bien éloigné de sa définition théorique et n'étaient pas prêts à y renoncer au nom de principes généraux et abstraits ou de théories scolaires de management.

Cette approche par l'écoute explique tout à la fois la difficulté à changer – nous l'avons déjà évoquée – et la démarche qui peut en résulter.

1. Partir dès que le travail est terminé, plutôt que d'attendre l'heure officielle.

Revenons au cas de la banque espagnole. On peut, pour définir une stratégie de changement (le mot est présomptueux), utiliser le même raisonnement que celui qui a permis la mise en évidence du problème. À vision systémique, changement systémique, tel pourrait être l'axe de travail. Cela implique à la fois de trouver le ou les points sensibles, à partir desquels on peut faire substantiellement évoluer le système, et le ou les leviers qui permettent de faire bouger ces points sensibles. Personne ne dira que la tâche est simple. D'une part, elle nécessite plus de réflexion que d'agitation et, d'autre part, elle rend incontournable l'implication des acteurs eux-mêmes dans la démarche. Dans notre exemple, le point clé qui conditionne tout ce qui pourra être entrepris par la suite, est la levée de l'opacité. Il ne sert à rien de changer le système d'information ou la procédure budgétaire, de se doter d'une informatique performante, tant qu'il n'y aura pas davantage de clarté sur la réalité.

Dans une telle perspective, prendre la décision de mettre en place une évaluation des conseillers commerciaux non plus à partir de ce qu'ils produisent – dont on ne sait exactement à quoi ça correspond – mais sur leur capacité à coopérer avec les autres est incontestablement une piste intéressante. Comme le font d'autres organisations, cette coopération peut s'apprécier – ce n'est qu'un exemple – à travers la proportion d'affaires qu'un commercial transmet à ses collègues, y compris et surtout à ceux des agences spécialisées. Dès lors que cette évaluation a un impact substantiel en termes de rémunération, de promotion, etc., elle va rendre plus rationnel pour ces acteurs d'en dire davantage, de jouer plus ouvert, de communiquer. Ce n'est pas leur mentalité qui va changer, c'est leur calcul.

Parallèlement, si l'on accepte de confier la mise en œuvre de ces nouveaux critères aux directeurs d'agence, on leur donnera de sérieux atouts vis-à-vis de ceux qu'ils sont censés « animer », on leur donnera les moyens de prendre la distance qui leur est nécessaire, on rééquilibrera la relation. Parions en même temps que munis de cette ressource, ils n'auront plus besoin de continuer leur stratégie inflationniste de demandes de moyens.

Le traitement de ce chantier prioritaire au moyen des leviers qui ont été suggérés – mais nul doute qu'il y en ait bien d'autres possibles – permet alors, dans un délai difficilement prévisible, de s'attaquer à trois autres chantiers : celui de la procédure budgétaire, mais répétons que pour essentiel qu'il soit, il implique d'abord la levée de l'opacité ; celui de la gestion des ressources humaines, c'est-à-dire à la fois la détermination des critères à utiliser dans le management des hommes, mais aussi le choix de ceux qui appliquent ces critères ; et enfin, et ce n'est pas le moins important, celui du mode de fonctionnement du sommet de l'organisation, dont nous avons vu que la segmentation renforçait la tendance à l'autonomie de la base. Pour cela, on peut penser que plus la nécessité de la coopération sera créée à la base, chez les conseillers commerciaux et moins ils supporteront la verticalisation de ceux qui décident, et que cette pression conduira les dirigeants à changer leurs propres modes de coopération.

7 points à retenir

Ce qui est important ici, ce ne sont pas les propositions de substance qui sont effectuées, c'est la méthodologie qui est proposée, le parcours qui a été suivi et qui peut être maintenant résumé à travers les 7 points suivants :

1. Nous sommes partis des relations entre les acteurs du système, et la carte de ces relations nous a donné une première image de ce système. Bien interprétée, elle nous a permis de nous centrer sur des relations-clé, donc sur les questions-clé auxquelles l'analyse doit répondre.
2. Les stratégies des acteurs ont ensuite été révélées. Nous n'y revenons pas, mais c'est là que le cadre de référence montre toute son utilité. Il a fallu raisonner autrement, en termes de rationalité limitée, pour comprendre les solutions que les acteurs avaient élaborées. En même temps, comme cela a déjà été souligné, le raisonnement stratégique « dédramatise » les comportements, ce qui est une condition incontournable de la construction d'un dialogue autour du « pourquoi » du changement.
3. Ces stratégies ont été comprises non individuellement, mais les unes par rapport aux autres, dans leur dimension systémique. Cette phase est essentielle car elle prépare le travail sur la stratégie de changement (par où prendre les problèmes ?) et sur les leviers à utiliser.
4. À ce stade, ce sont les problèmes qui sont ressortis, dans leur complexité certes, mais sans que cela interdise pour autant leur formulation de façon simple et claire. C'est ici que nous avons parlé d'écoute, car

ces problèmes constituent la réalité des acteurs, non sans doute telle qu'ils la perçoivent confusément, mais telle qu'ils attendent que leurs dirigeants ou d'autres experts les aident à les formuler. C'est parce que l'identification de ces problèmes sera partagée, lors de restitutions et de discussions, que se dégagera un accord sur ce dont on parle et non sur la responsabilité de tel ou tel. Certains auteurs appellent cette phase l'*empowerment*. Elle donne en effet aux acteurs eux-mêmes et non aux seuls responsables, la possibilité de s'exprimer non seulement sur la réalité des problèmes, mais aussi sur la construction de solutions.

5. C'est la phase au cours de laquelle on peut commencer à raisonner sur le couple chantiers/leviers. Le mot « chantier » est préférable à celui de solutions, car ce dernier, d'une part, s'inscrit dans la rhétorique managériale traditionnelle et, d'autre part, produit une illusion de rapidité, un espoir d'automatisme entre le repérage du problème et l'apparition soudaine, presque miraculeuse, de la solution. Ce n'est pas le cas. Ce processus nécessite un travail collectif et de nombreux aller-retours. C'est là que se repèrent les opportunités qui ne sont parfois que de micro-décisions, dont on ne perçoit pas *a priori* l'importance, habitués que nous sommes à tout ce qui est global, général ou magistral.

6. Si nous en appelons, du point de vue des modalités, à beaucoup plus de confiance faite aux acteurs eux-mêmes, c'est parce que si l'on veut qu'ils acceptent de renoncer aux solutions bureaucratiques (nous avons montré dans la première partie de ce livre que cette renonciation est coûteuse, douloureuse, peu naturelle), il faut qu'ils en voient la nécessité et en trouvent les voies, qu'ils avancent vers le fameux « faire autrement », la découverte de l'alternative, le « penser l'impensable ». Ceci ne se réalise pas au travers d'un plan d'action parfaitement bouclé, définissant à l'avance toutes les étapes du changement, y compris les résultats attendus. On ne débureaucratise pas une organisation au moyen d'un processus bureaucratique, on ne détaylorise pas au travers d'une démarche taylorienne.

7. Enfin, on n'oubliera pas que toute stratégie n'existe que par sa mise en œuvre, et donc nécessite une évaluation. À ce sujet, il importe de faire une ultime remarque : lorsqu'il s'agit de changer les bureaucraties, surtout les plus lourdes d'entre elles, l'expérimentation n'apparaît pas comme le moyen le mieux adapté. Elle est d'autant mieux

acceptée par l'organisation qu'elle est rapidement avalée, « marginalisée », sans réelle possibilité d'être étendue ou généralisée. Il est préférable de raisonner en termes de « masse critique », ce qui permet d'avoir un impact sur ce que l'on appelle le « référentiel » de l'organisation, c'est-à-dire l'ensemble des habitudes, pratiques, arrangements qui s'y sont développés, sans risque majeur de sanction par l'organisation. Tout le monde comprendra que le changement de ce référentiel prend du temps, beaucoup de temps, en tout cas plus qu'une simple refonte, même exhaustive, des organigrammes, règles, procédures et définitions de fonction.

CONCLUSION

VERS DE NOUVELLES ORGANISATIONS ?

TOUT au long de ce livre, une thèse a été défendue : celle de la transformation profonde, parfois brutale, presque toujours douloureuse des bureaucraties techniques, généralement construites sur le modèle de l'organisation scientifique du travail (OST) de Taylor. Il faut à nouveau souligner qu'il s'agit d'une tendance de fond et qu'elle est quasi universelle, même si le problème est abordé sous des formes assez variées selon les contextes nationaux. Ce qui différencie les pays, c'est moins la rigidité de leurs bureaucraties – et encore, l'extrême rigidité ne se trouve pas toujours du côté de l'Atlantique que l'on croit – que leur capacité à les remettre en cause, quel qu'en soit le coût social et humain. Il s'agit, répétons-le, d'un mouvement de fond dominant, qui va bien au-delà des entreprises ou administrations.

Globalement, nous sommes entrés dans une époque où l'on « demande des comptes », et tout le monde en demande à tout le monde, faisant ainsi le bonheur des orthodoxes de l'État de droit… et des avocats[1] ! On en demande aux élus, y compris, dans les pays puritains, sur leur vie privée ; on en demande aux fonctionnaires sur l'utilisation des fonds publics ; on en demande même aux sportifs sur le dopage ; et bien sûr le client en demande à ses fournisseurs. Dans ce cas, c'est la présence de la concurrence, d'une ou plusieurs alternatives pour le

1. Michel Crozier : *The Trouble with America : why the system is breaking down*, University of California Press, Berkeley and Los Angeles, 1984.

client, qui donne à cette demande tout son poids. Même si ce n'est pas l'axe qui a été privilégié dans cet ouvrage, il est clair que la victoire du client est intimement liée à la globalisation.

Pourtant, si on prend les choses au jour le jour, au quotidien de cette révolution des organisations dans laquelle nous nous sommes tous engagés, les tendances sont comme d'habitude moins claires, les mouvements ne sont pas linéaires et parfaitement discernables, ils sont même parfois contradictoires. Et si, sur le long terme, tout semble bien aller dans le même sens, quelques tendances paraissent aujourd'hui pouvoir être dégagées.

La disparition, ou plutôt l'altération des frontières entre les organisations et leur environnement

Avec leurs clients tout d'abord, les entreprises renégocient la création de la valeur, ou, plus précisément, la part de la valeur que le client entend lui-même créer. Or, si l'on admet qu'une entreprise est en effet une machine à créer de la valeur, les contours de cette machine deviennent souples, même si, encore une fois, les organigrammes continuent à donner l'illusion de la clarté. Cette tendance se rencontre dans des secteurs aussi différents que la fabrication des meubles[1] ou l'hôtellerie : laisser le client « construire » lui-même le contenu de son séjour à l'hôtel, à partir de la palette des choix qui sont mis à sa disposition, est devenu aujourd'hui, dans cette industrie, la clé d'une politique de qualité de service. On peut même remarquer, pour prendre un autre exemple très contemporain, que le concept de la Smart (la Swatchmobile) obéit à la même logique : la production de voitures sort des limites étroites de l'activité manufacturière pour entrer dans la sphère des services, tournant autour de l'utilisation du véhicule, mais dans une conception singulièrement élargie. À charge pour le client de déterminer ce qu'il veut acheter, ce qu'il souhaite produire lui-même et ce qu'il attend de son fournisseur. Cette évolution, même si encore très minoritaire, appelle deux remarques :

1. Richard Norman and Rafaël Ramirez : « From value chain to value constellation », *art.cit.*

- La première, déjà évoquée dans ce livre, est que l'on ne peut pas atteindre un niveau de souplesse, de « flexibilité », en gardant à la fois les mêmes habitudes de travail et les mêmes contenus de métier que précédemment. Les spécialisations techniques, souvent survalorisées, volent en éclat, même si par ailleurs d'autres apparaissent, autour des technologies informatiques en particulier.

En ce qui concerne les bureaucraties classiques, les statuts, les horaires de travail, les avantages divers et variés sont mis à mal, ce qui explique les résistances farouches qui s'expriment, et dont il ne suffit pas de dire que ce sont des « combats d'arrière-garde » pour les gérer. À nouveau, ce que nous décrivons ici sous un angle particulier, c'est la façon dont le client victorieux profite de sa victoire, comme le producteur avait profité de la sienne, dans la période précédente. Les deux maître-mots de l'approche proposée dans cet ouvrage sont : « flou » et « coopération ». Flou, parce que les nouvelles organisations doivent accepter que les configurations qu'elles prennent puissent se transformer très vite[1], et même qu'à un moment donné plus personne ne sache très bien, en tous les cas à la marge, ce qui relève *stricto sensu* de l'entreprise et ce qui n'en relève pas. Coopération, parce qu'on ne peut atteindre un degré élevé d'adaptabilité et de flexibilité dans la verticalité, les segmentations et les process traditionnels, sans elle. Pour le dire autrement, ce ne sont pas les normes ISO, version moderne du taylorisme, et leur absence de confiance dans la capacité des acteurs à faire et à faire ensemble, qui permettront de produire le type de qualité qui est ici recherché.

- Mais il faut aussi observer que les frontières du producteur lui-même ont tendance à évoluer. Là encore, c'est un problème de répartition de création de la valeur. À travers les stratégies, encore minoritaires certes, mais de plus en plus présentes sur le marché, de *total facilities management*, de multiservices, se redéfinit de façon radicale ce que sont les métiers. Le métier, ce n'est plus la restauration, ou le nettoyage, ou l'entretien, c'est la gestion d'un immeuble, d'un lieu, avec l'ensemble des activités qui sont liées à la gestion de ce lieu. Les conséquences d'une telle évolution sont multiples et sans doute ne sont-elles pas encore toutes clairement perçues. Avant d'en citer

1. Voir par exemple les alliances qui se font et se défont dans l'industrie chimique, la co-gestion par deux groupes d'une même unité de production, etc.

quelques-unes, soulignons vigoureusement un point. Ce recours à ce que l'on peut appeler l'*outsourcing* intégré obéit à la logique générale exposée tout au long de ce livre : on veut obtenir de ses fournisseurs davantage et au moindre coût. Davantage signifie une intégration de ce que, pour donner un exemple, le particulier qui veut « faire construire » connaît bien : l'émiettement des corps de métier, de leur contact quotidien sur le chantier, dont finalement le client paie le coût en termes de qualité et de délai. La riposte à cela, c'est la recherche d'un fournisseur qui prend en charge et finalement réduit le coût de l'ensemble des prestations. Cette logique – qui est apparue dans le bâtiment pour répondre au besoin de transversalité du client par rapport à un produit (la maison) aux composantes complexes – s'étend aujourd'hui à un ensemble de services que les entreprises ne veulent plus assurer elles-mêmes d'une part, et qu'elles ne veulent plus gérer à travers une multitude d'interlocuteurs dispersés d'autre part.

La conséquence la plus importante de cette évolution est sans nul doute la réduction du nombre de fournisseurs, qui se traduira par la disparition de certains d'entre eux et l'intégration des autres dans des ensembles aux contours variables, sous la houlette du prestataire principal, dont le rôle sera précisément celui d'un « ensemblier ». Tout le secteur automobile aujourd'hui – mais il n'est pas le seul – applique la double stratégie de réduction drastique du nombre de prestataires et de leur intégration, ce qui renvoie à nouveau au flou des frontières, et à l'évolution des métiers et de leur contenu. Ford réduira de 95 % le nombre de ses fournisseurs d'ici l'an 2000 et certains clients vont même jusqu'à proposer à leurs prestataires le partage des économies que ces nouvelles formes d'organisation de leurs relations vont permettre de réaliser. Décidément, c'est bien la question du partage de la valeur qui est centrale. Ici, on l'aura compris, le maître-mot est intégration, et sans doute se caractérise-t-il par le multiservice. Il est au cœur de la demande du client complexe, sophistiqué pourrait-on dire, qui n'est pas forcément un client institutionnel : le passager aérien multi-directions, comme l'acheteur de la Smart, réclament aussi cette intégration et un nouvel agencement des tâches et des métiers, qui les placerait au cœur et non à la marge de la production du service ou du bien.

---

1. Au sens des professions dites « libérales ».

Monde futur, dira-t-on, dans lequel non seulement il n'y a plus de place pour nos bureaucrates, mais dont l'émergence s'accompagnera d'une « libéralisation » d'un grand nombre d'activités et d'un « nomadisme » des métiers. Nous ne sommes pas très loin, ici, des thèses que nous avons évoquées en introduction, sur la tendance radicale à la disparition du travail dans ses formes les plus traditionnelles.

Et pourtant, le choix « taylorien » existe encore

Alors que nous achevions la rédaction de ce livre, nous avons participé aux États-Unis à un débat – portant précisément sur l'évolution des organisations – au cours duquel le PDG d'une entreprise spécialisée dans le crédit à la consommation et la consolidation des dettes, qui compte 800 agences réparties sur l'ensemble du territoire américain, a livré cette profession de foi : « Je suis certainement l'un des derniers partisans convaincus du Taylorisme ! » L'explication qu'il a fournie, argumentée et convaincante, vaut la peine d'être reproduite. Elle insiste sur la connaissance statistique et non pas individuelle du client ; elle met en avant l'élaboration de produits simples, selon les procédés les plus industriels possibles, seule façon de réduire les coûts ; elle insiste sur la nécessité de segmenter les clients en grandes catégories ayant des comportements homogènes, et auxquelles on peut associer une valeur de risque. En d'autres termes, elle reprend tous les ingrédients de la production de masse. Or, celle-ci est non seulement toujours d'actualité, mais encore la gérer à la mode bureaucratique relève bel et bien d'un choix, qui s'articule autour d'une double problématique : réduire le risque, réduire le coût, et par conséquent réduire la connaissance individuelle du client et les marges de liberté des membres de l'organisation, grâce, en particulier, à la sophistication des outils informatiques. C'est ce qu'Alvin Toffler, reprenant une expression de George Orwell, appelle « tenter de faire de ses employés des prolos électroniques »[1].

Ce choix aujourd'hui se répand parce que, répétons-le, il apparaît comme une alternative à un investissement massif dans la transformation des modes de fonctionnement des organisations. Une chose est frappante : quand on pose à des cadres, lors de séminaires de formation inter-entreprises, se déroulant aussi bien en Europe qu'aux États-Unis,

1. Alain Toffler : *Les Nouveaux pouvoirs, op.cit.*, p. 255.

la question « avez-vous le sentiment que, dans votre organisation, on produit toujours plus de règles et de procédures ? », la réponse est globalement positive. Elle traduit deux choses, nous semble-t-il :

- d'une part, l'espoir que la segmentation des tâches routinières puisse permettre d'atteindre un degré de qualité suffisant pour un client dont l'intérêt porterait d'abord sur le prix, et qui serait donc disposé à accepter des sacrifices sur les conditions de mise à disposition du produit. Le risque et les investissements de l'entreprise s'en trouveraient du même coup minimisés. Pourquoi pas ? C'est la stratégie choisie par la plupart des banques – pas toutes – dans le domaine du *retail banking* (banques de réseau), parce qu'elles ne savent pas comment gérer autrement une relation avec un client auquel, fondamentalement, elles ne font pas confiance ;
- d'autre part, la conséquence des embauches de personnels de moins en moins qualifiés, autre solution trouvée pour réduire les coûts de production. Cette baisse du niveau de qualification, que l'on rencontre par exemple dans les compagnies aériennes américaines de taille moyenne, entraîne *de facto* une confiance moindre (à nouveau !) dans la capacité des personnels à gérer les problèmes, sans le recours à un cahier des charges précis et détaillé. Mais c'est aussi, et on appréciera le paradoxe, un mouvement qui marque les petites entreprises. Lorsque nous faisons rédiger par nos étudiants américains des travaux de séminaire (*papers*) en fin de trimestre afin d'attribuer les notes, ils nous présentent à satiété l'analyse des organisations dans lesquelles ils travaillent pour payer leurs études, c'est-à-dire le plus souvent des restaurants locaux. La récurrence de ce qu'ils décrivent est impressionnante : une organisation du travail millimétrée, des intervalles entre les plats savamment calculés, des discours de présentation des menus appris par cœur, bref des ensembles dans lesquels rien n'est laissé au hasard ou à l'initiative individuelle, tout est calculé avec précision afin que la production puisse être exécutée sans exiger le moindre savoir-faire préalable. À nouveau, pourquoi pas ? même si, par ailleurs, le taux de mortalité de ces petites organisations est impressionnant et si, en définitive, ne survivent que celles qui sont capables d'introduire dans ce processus bien huilé un « supplément d'âme organisationnel ».

L'émergence d'une différenciation des organisations à partir de leur stratégie produit/client, ou en d'autres termes à partir du pari qu'elles font sur l'évolution des exigences de leurs clients

Il n'y a pas de déterminisme. Ceux qui restent dans la production de masse ne sont pas condamnés au taylorisme bureaucratique : dans le secteur du crédit à la consommation, comme dans celui de la distribution de masse par correspondance (les deux sont liés), on voit apparaître de passionnantes tentatives pour utiliser autrement l'apport décisif des technologies de l'information. La prolétarisation n'y est pas intrinsèquement liée. Ces technologies permettent aux conseillers commerciaux de visualiser instantanément non seulement le profil du client, son « histoire d'achat », mais aussi son apparence physique, ce qui en matière vestimentaire par exemple, va permettre de lui fournir, sans perte de temps, un conseil personnalisé et adapté. De plus, les conseillers se voient donner des « marges de manœuvre », c'est-à-dire la possibilité – même limitée – de faire des ristournes, de consentir tel ou tel avantage. C'est une forme de confiance retrouvée et, pour le moment, les résultats sont excellents. Nous ne sommes pas loin, ici, du cas déjà évoqué des banques d'affaires américaines qui ont préféré évaluer leurs cadres sur leur capacité à coopérer plutôt que sur la part de business qu'ils génèraient, éventuellement au détriment du résultat global.

On le voit, au moins à court terme, rien n'est écrit. Dirigeants et membres des organisations sont renvoyés à la fois à leur perception de l'avenir, à leurs choix, mais surtout à leur confiance réciproque, incontournable condition pour introduire un processus de changement dans les organisations, tout en atténuant les aspects les plus durs de la crise, du drame ou de la pression sans cesse renouvelée. On a observé que cette confiance n'est ni dans la tradition taylorienne, ni dans la culture des élites, ceci expliquant d'ailleurs cela. Elle doit donc se construire, autour du partage de la connaissance, de l'accroissement de la capacité de chacun à jouer dans le jeu, ce qui est une nécessité si on veut que les individus acceptent un peu plus de confrontation, donc un peu plus de coopération. Et, finalement, si la pression du client, l'ouverture de ses choix, sa maturité croissante conduisent les membres des organisations à se rapprocher au sens vrai du terme, à s'écouter tel que nous l'avons défini, alors cette victoire n'aura pas été inutile.

BIBLIOGRAPHIE

ALLISON Graham T. : *Essence of decision : Explaining The Cuban Missile Crisis*, Boston, Little Brown, 1971.

ARGYRIS Chris : « Teaching smart people how to learn. Every company faces a learning dilemma: the smartest people find it the hardest to learn », *Harvard Business Review*, May-June 1991, p. 99-109.

ARGYRIS Chris : *Savoir pour agir : surmonter les obstacles à l'apprentissage organisationnel*, Paris, InterÉditions, 1995.

ARNAUD Philippe, « Le pouvoir contesté des médecins », *Le Monde*, 25 février 1997.

BANDT Jacques de : « Renault, un triste cas d'école », *Libération*, 12 Mars 1997.

BANDT Jacques de et al. : *La France malade du travail*, Paris, Fayard, 1995.

BANDT Jacques de et de BANDT-FLOURIOL F. : *La Descente aux enfers du travail, ou l'économie sens dessus-dessous*, Paris, ADST, 1996.

BEER Michael, EISENSTADT Russel et SPECTOR Bert : « Pourquoi les grandes entreprises réagissent lentement », *Harvard L'Expansion*, Printemps 1992, p. 93-103.

BENNIS Warren et NANUS Burt : *Leaders: Strategies for taking charge*, 2nd edition, Harper Collins Publishers, 1997.

BERGMANN Alexander et UWAMINGER Bernard : *Encadrement et comportement*, Éditions Eska, Paris, 1997.

BIRNBAUM Pierre et al. : *La Classe dirigeante française*, Paris, PUF, 1978.

BISAOUI-BARON Anne-Marie : « Origine et avenir d'un rôle balzacien : l'employé aux morts », *L'année balzacienne*, Paris, Garnier, 1978, p. 63-74.

BURNS T. et STALKER G.M. : *The Management of innovation*, London, Tavistock, 1961.

CASTEL Robert : *Les Métamorphoses de la question sociale : une chronique du salariat*, Paris, Fayard, 1995.

CHAPONNIÈRE Jean-Raphaël : « Les leçons de la crise en Corée du Sud », *Le Monde*, 28 janvier 1997.

CROZIER Michel : *Le Phénomène bureaucratique*, Paris, Le Seuil, 1964.

CROZIER Michel : *On ne change pas la société par décret*, Paris, Grasset, 1979.

CROZIER Michel : *The Trouble with America : why the system is breaking down*, University of California Press, Berkeley and Los Angeles, 1984.

CROZIER Michel : *L'Entreprise à l'écoute*, Paris, Fayard, 1994.

CROZIER Michel : *La crise de l'intelligence : Essai sur l'incapacité des élites à se réformer*, Paris, InterÉditions, 1995.

CROZIER Michel et FRIEDBERG Erhard : *L'Acteur et le système*, Le Seuil, Paris, 1977.

CROZIER Michel et FRIEDBERG Erhard : « Organizations and collective action: our contribution to organizational analysis », *Research in the sociology of organizations*, volume XIII - 1994, volume editors, Samuel P. Bacharach, Pasquale Gagliardi, and Bryan Mundell. Greenwich, CT. JAI Press.

CROZIER Michel, FRIEDBERG Erhard, GRÉMION Pierre et Catherine, THOENIG Jean-Claude et WORMS Jean-Pierre : *Où va l'administration française ?*, Paris, Éditions d'Organisation, 1974.

DESCHAMPS Pascale-Marie : « Pourquoi tout changer quand tout va bien », *L'Expansion*, n° 496, 6 au 19 mars 1995.

DRANCOURT Michel : « Révolution chez les managers », *Sociétal* n° 4, janvier 1997.

DUHAMEL Alain : *Les Peurs françaises*, Paris, Flammarion, 1993.

DUPUY François : « The Bureaucrat, the citizen and the sociologist », in *French Politics and Society*, Harvard University Press, 1990, volume 8.

DUPUY François : « Personne n'écoute », *Le Monde*, juillet 1992.

DUPUY François et THOENIG Jean-Claude : « Public transportation policy making in France as an implementation problem », *Policy Sciences*, 11, 1979, p. 1-18.

DUPUY François et THOENIG Jean-Claude : *Sociologie de l'administration française*, collection U, Armand Colin, Paris, 1983.

DUPUY François et THOENIG Jean-Claude : *L'Administration en miettes*, Paris, Fayard, 1985.

DUPUY François et THOENIG Jean-Claude : *La Loi du marché : étude sur les marchés de l'électroménager blanc en France, aux États-Unis et au Japon*, Paris, l'Harmattan, 1986.

EHRENHALT Alan : « Keepers of the dismal faith. How economists outwit common sense », *New York Times*, 23 février 1997.

FAYOL Henri : *Administration industrielle et générale*, Paris, Dunod et Pinot, 1917.

FITOUSSI Jean-Paul et ROSANVALLON Pierre : *Le Nouvel Âge des inégalités*, Paris, Le Seuil, 1996.

FORRESTER Viviane : *L'Horreur économique*, Paris, Fayard, 1996.

FRANCFORT Isabelle, OSTY Florence et SAINSAULIEU Renaud : *Les Mondes sociaux de l'entreprise*, Paris, Desclée de Brouwer, 1995.

FRIEDBERG Erhard : « L'analyse sociologique des organisations », *POUR, Les dossiers pédagogiques du formateur*, L'Harmattan, 1988.

FRIEDBERG Erhard : *Le Pouvoir et la règle*, Le Seuil, Paris, 1993.

GARELLI Stéphane : « Même la Suisse doit changer », *Le Monde*, 4 février 1997.

GAVE François : « Le modèle allemand est-il en crise ? », *Centre d'études et de recherches internationales - FNSP*, n° 19, septembre 1996.

GRÉMION Pierre : « Le pouvoir périphérique, bureaucrates et notables dans le système politique français », Paris, Le Seuil, 1976.

HAMMER Michael et CHAMPY James : *Le Reengineering : réinventer l'entreprise pour une amélioration spectaculaire de ses performances*, Paris, Dunod, 1993.

HASSENTEUFEL Patrick : *Les médecins face à l'État : une comparaison européenne*, Paris, Presses de Sciences-Po, 1997.

HESSELBEIM Frances, GOLDSMITH Marshall et BECKHARD Richard, Editors : *The Leader of the future : new visions, strategies and practices for the next era*, Jossey-Bass Publishers, San Francisco, 1996.

ISRAËLEWICZ Erik : « Big, small, beautiful », *Le Monde Économie*, 11 février 1997.

ISRAËLEWICZ Erik : « Ombres et réalités chinoises », *Le Monde Économie*, 25 février 1997.

IZRAËLEWICZ Erik : « Où va le monde ? », *Le Monde Économie*, 18 mars 1997.

KAGONO et al. : *Strategic versus Evolutionary Management : a U.S. / Japan comparison of strategy and organization*, North Holland, New York, 1985.

KAPSTEIN Ethau B. : « Capital mobile, travailleurs immobiles », *Le Monde*, 4 mars 1997.

KARLSSON Christer et AHLSTRÖM Pär : « The difficult path to lean product development », *The Journal of product innovation management*, volume 13, number 4, July 1996, p. 283-295.

LAMPIERE Luc : « États-Unis : pourvu que ça dure... », *Libération*, 8 et 9 février 1997.

LAWRENCE et LORSCH : *Adapter les structures de l'entreprise*, Paris, Éditions d'Organisation, 1986.

LEBAUBE Alain : « Pratiques syndicales flexibles en Europe », *le Monde Initiatives*, 19 mars 1997.

LESEMAN F. : *La Politique sociale américaine*, Paris, Syros, 1988.

MARCH J. G. : *Decisions and organizations*, Londres, Basil Blackwell, 1981.

MARCH J. G. et OLSEN J. P. (editors) : *Ambiguity and choice in organizations*, Universitetsforlaget, Bergen, 1976.

MARCH J. G. et SIMON H. A. : *Organizations*, J. Wiley, New York, 1958.

MARTI Serge : « La foi de Davos », *Le Monde Économie*, 4 février 1997.

MILANO Serge : *Allemagne : la fin d'un modèle*, Paris, Aubier, 1996.

MINTZBERG Henri : *Structure et dynamique des organisations*, Paris, Éditions d'Organisation, 1982.

MORIN Edgar et NAÏR Sami : *Une Politique de civilisation*, Paris, Arléa, 1997.

MOSS KANTER Rozabeth : *L'Entreprise en éveil*, Paris, InterÉditions, 1992.

MOSS KANTER Rozabeth et al. : *The Challenge of Organizational Change: How Companies Experience It and Leaders Guide It*, The Free Press, 1992.

MOULET Michel : « Modes d'échange et coûts de transaction : une approche comparative de la firme et du marché », *Sociologie du travail*, 4/1982, p. 484-490.

NADLER D. et al. : *Organizational Architecture : Designs for changing organizations*, Jossey-Bass, 1992.

NADLER D. et al. : *Discontinuous Change : Leading Organizational Transformation*, JosseyBass, 1995.

NORMANN Richard et RAMIREZ Rafael : « From Value Chains to Value Constellation : Designing Interactive Strategy », *Harvard Business Review*, July 1993, p. 65-75.

OCQUETEAU Frédéric et THOENIG Jean-Claude : « Mouvements sociaux et action publique : le transport routier de marchandises », *Sociologie du travail*, 4/1997, p. 397-423.

OHMAE Kenichi : *De l'État-nation aux États-régions*, Dunod, Paris, 1996.

OUCHI W.G.: « Review of Williamson's *Markets and hierarchies* », *Administrative Science Quarterly*, 1977, 22, p. 541-544.

PARKER Mike et SLAUGHTER Jane : « Management by Stress », *Technology review*, October 1988.

QUINN R. : *Deep Change : Discovering the leader within*, Jossey-Bass, San Francisco, 1996.

REICH Robert B. : *L'Économie mondialisée*, Paris, Dunod, 1993.

REYNAUD Jean-Daniel : *Les Règles du jeu : l'action collective et la régulation sociale*, Paris, Armand Colin, 1989.

RIFKIN Jeremy : *La Fin du travail*, Paris, La Découverte, 1996.

ROETHLISBERGER F. J. et DIKSON William J. : *Management and the worker*, Harvard University Press, 1939.

ROUZE Jean-Pierre : « Frederick W. Taylor, inventeur de la démocratie moderne ? », *Gérer et Comprendre*, mars 1993, n° 30, p. 97-105.

SCHELLING Thomas : *La Tyrannie des petites décisions*, Paris, PUF, 1974.

SONG Michael, MONTOYA-WEISS Mitzi M. et SCHMIDT Jeffrey B. : « Antecedents and consequences of cross-functional cooperation : a comparison of R&D, manufacturing and marketing perspectives », *The Journal of product innovation management*, volume 14, number 1, January 1997, p. 35-47.

SULEIMAN Ezra : *Les Élites en France. Grands corps et grandes écoles*, Paris, le Seuil, 1979.

TANNENBAUM R. et al. : *Human Systems Development*, Jossey Bass, San Francisco, 1985.

TAYLOR Frederick W. : *La Direction scientifique des entreprises*, Paris, Dunod, 1957.

THOENIG Jean-Claude : *L'Ère des technocrates*, Paris, Éditions d'Organisation, 1973.

THUREAU-DANGIN Philippe : *La Concurrence et la mort*, Paris, Sifros, 1995.

TICHY N. : *Managing Strategic Change : Technical, Political and Cultural Dynamics*, John Wiley & Sons, 1983.

TOFFLER Alvin : *Les Nouveaux pouvoirs*, Paris, Fayard, 1991.

UCHITELLE Louis : « The rehabilitation of Moning in America », *New York Times*, 23 février 1997.

VILLE L. : « Grande-Bretagne : le chômage diminue, l'emploi aussi », *L'Expansion*, n° 478, 2-5 juin 1994.

WATERMAN Robert H. Jr. : *What America does right*, The Penguin Group, New York, 1995.

WATERMAN Robert H. Jr., PETERS Thomas J. et PHILIPS Julien R. : « Structure is not organization », *Business Horizons*, Volume 23, number 3, June 1980.

WEBER Max : *Le Savant et le politique*, Paris, Éditions 10-18, 1979.

WILLIAMSON Oliver E. : *Markets and Hierarchies : Analysis and antitrust implications*, New York, The Free Press, 1975.

WILLIAMSON Oliver E. et OUCHI W.G. : « The markets and hierarchies program of research : Origins, implications, prospects », *in* A. Van De Ven & W. F. Joyce (eds) *Perspectives on design and behavior*, New York, Wiley, 1981, p. 347-370.

ZARIFIAN P. : *Quels nouveaux modèles d'organisation pour l'industrie européenne ? L'émergence de la firme coopératrice*, Paris, L'Harmattan, 1993.

INDEX

STEDI, 1, boulevard Ney, 75018 Paris - Tél. 01.40.38.65.40
Dépôt légal, Imprimeur, n° 5612
Dépôt légal : mai 1998
Imprimé en France
Dépôt légal 1re édition : 1er trimestre 1998